Sobre o que nos perguntam os grandes filósofos – Vol. III

Leszek Kołakowski

Sobre o que nos perguntam os grandes filósofos

Vol. III

Tradução de
Henryk Siewierski

CIVILIZAÇÃO BRASILEIRA

Rio de Janeiro
2009

Título original em polonês
O co mas pytaja wielcy filozofowie?

Projeto gráfico
Evelyn Grumach e João de Souza Leite

CIP-BRASIL. CATALOGAÇÃO-NA-FONTE
SINDICATO NACIONAL DOS EDITORES DE LIVROS, RJ

Kołakowski, Leszek, 1927-2009
K85s Sobre o que nos perguntam os grandes filósofos,
v.3 volume 3 / Leszek Kołakowski; tradução Henryk Siewierski. – Rio de Janeiro: Civilização Brasileira, 2009. 3v.

Tradução de: O co nas pytaja wielcy filozofowie?
ISBN 978-85-200-0899-7

1. Filosofia antiga - Obras populares. 2. Filosofia medieval – Obras populares. I. Título.

09-5286 CDD: 100
CDU: 1

Texto revisado segundo o Novo Acordo Ortográfico da Língua Portuguesa.

Direitos desta tradução adquiridos pela
EDITORA CIVILIZAÇÃO BRASILEIRA
Um selo da
JOSÉ OLYMPIO EDITORA
Rua Argentina 171 – 20921-380 – Rio de Janeiro, RJ – Tel.: 2585-2000

PEDIDOS PELO REEMBOLSO POSTAL
Caixa Postal 23.052 – Rio de Janeiro, RJ – 20922-970

Impresso no Brasil
2009

Sumário

O que pretendo com estes breves ensaios?

Ao iniciar esta série de breves ensaios sobre os grandes filósofos, sobre pessoas que abriram novos caminhos do pensamento para as gerações que se seguiram, devo esclarecer que não é meu objetivo apresentar um resumo da história da filosofia; tampouco se trata de um manual sucinto, de uma enciclopédia ou de um dicionário. Os estudantes que pretendessem fazer os seus exames baseados nestes breves ensaios se decepcionariam: seriam reprovados. Existem ótimos manuais, dicionários e enciclopédias. Não pretendo fazer "um resumo" de Platão, de Descartes ou de Husserl; isso seria uma pretensão ridícula. Gostaria de falar sobre os grandes filósofos de tal modo que me permitisse extrair de cada um apenas um pensamento, relevante por si mesmo, pensamento que constituísse um dos pilares da casa que construiu, mas que também seja compreensível para nós e que desperte algo em nossa mente, que não seja apenas uma informação histórica. Tentarei finalizar cada ensaio com uma pergunta dirigida a todos os leitores, uma pergunta recolhida do pensamento desse filósofo, uma pergunta que continua válida e que continua sem uma resposta clara.

A ordem das palestras é cronológica, com raras exceções, mas pretendo falar sobre o pensamento de grandes homens e não como eles se inscreveram na história da humanidade, quais eram seus parentes ou como era sua vida (a menos que isso seja importante para compreender seu pensamento). Quanto a quem deve ser considerado um grande filósofo, como fazer tal escolha no meio dessa multidão? Não haverá provavelmente concordância total daqueles que se interessam pelo tema. Todavia haverá uma concordância parcial. Fico, portanto, com a minha escolha e não tenho fôlego para polemizar com aqueles que argumentarão "não é esse que é grande, mas aquele". Pretendo escolher no total trinta filósofos.

Immanuel Kant

1724-1804

Em que consiste o problema de Kant? Que perguntas o grande Kant nos faz? Uma pergunta geral é a mesma que instigava muita gente: o que a razão humana pode e o que não pode, quais são as justas pretensões da razão e quais os seus limites. Muitos o censuram alegando que ao fazer perguntas como essas ele se perde num círculo vicioso, pois nas meditações que as antecedem é preciso usar a razão, portanto, supor de antemão que os instrumentos da razão são confiáveis. É verdade, mas a mesma acusação pode ser feita a todos os filósofos que faziam perguntas acerca do valor do nosso conhecimento. Para isso não há remédio: é impossível começar o processo de pensamento do zero, sem nenhuma suposição; ao pensarmos, estamos sempre no meio do caminho, só pelo uso da língua.

Para resolver essa questão, Kant divide nossos juízos em várias espécies. Existem juízos analíticos, ou seja, aqueles em que o predicado está inserido no sujeito. Portanto, sabendo o que significa a palavra usada como sujeito, sabemos, sem necessidade de informações complementares, do predicado a ele atribuído, como numa sentença: "cada triângulo tem três lados" ou "se Sofia é irmã de João, então João é irmão de Sofia". Depois os filósofos definiam esse tipo de juízos de uma forma um pouco diferente, falavam das sentenças cuja veracidade pode ser apurada pelo conhecimento do seu sentido. As outras sentenças, as sintéticas, são aquelas que trazem uma informação complementar em vez de apenas explicitar o sentido das palavras. Segundo Hume e seus sucessores (embora ele tivesse usado outra terminologia), todas as sentenças sintéticas vêm da experiência, portanto todo o nosso conhecimento reside nessas duas espécies de sentenças: analíticas, ou seja, *a priori*, e empíricas, ou seja, experienciais. O que sabemos então ou é vazio quanto a conteúdo ou inevitavelmente incerto, porque das sentenças que descrevem as nossas percepções singulares é impossível deduzir um conhecimento verídico acerca das leis da natureza ou das necessárias relações casuais.

Kant, no entanto — o que faz parte de suas descobertas fundamentais —, havia elaborado uma teoria de juízos "sintéticos *a priori*", isto é, aqueles que nos dizem alguma coisa sobre o mundo e que, ao mesmo tempo, são necessários e gerais, assim como verdadeiros sem exceção. Juízos esses não podem pela sua natureza resultar da nossa percepção, pois ela não leva a necessidade nenhuma. Assim, segundo Kant, se é possível a metafísica, a ciência sobre Deus, sobre o cosmos na sua totalidade, sobre a alma humana e sua imortalidade, sobre o livre-arbítrio, portanto sobre as coisas que transcendem a experiência, ela deve ser composta justamente dos juízos sintéticos *a priori*.

A conclusão de Kant parecia, no entanto, esmagadora para as perspectivas da metafísica racional, uma vez que ela demonstrava que esses juízos referem-se apenas aos objetos da experiência possível. Nossa experiência tem componentes casuais e passivos, mas tem também componentes necessários: o espaço e o tempo. O espaço e o tempo não são entes autônomos, mas produtos da mente humana. Podemos conceber o espaço vazio, mas não podemos conceber os objetos físicos sem seus parâmetros espaciais; podemos também conceber o tempo que corre em vão, mas não podemos conceber os eventos que não acontecessem no tempo. O espaço e o tempo são formas necessárias da nossa experiência. Eles não são abstrações, mas concepções do sujeito humano, instrumentos indispensáveis da razão. Os juízos sintéticos *a priori* referem-se, entre outros, a eles. É a geometria e a aritmética. O que falamos no âmbito desses domínios é necessário, apodítico, e nos diz algo sobre o mundo. Uma sentença mais simples da matemática, 7 + 5 = 12, não é analítica, uma vez que o predicado 12 não está de modo algum inserido no sujeito. Podemos provar que os três ângulos do triângulo são iguais a dois ângulos retos, mas essa verdade não está inserida no significado da palavra "triângulo".

As análises de Kant evidenciam que nosso conhecimento — nomeadamente aquele que nos corteja com a necessidade e com a universalidade — refere-se apenas aos fenômenos que são objeto da nossa percepção.

Ao lado do espaço e do tempo, outros conceitos, chamados categorias, construídos pela mente humana, participam da criação dos objetos, principalmente as categorias de causa e de substância. Os objetos físicos, tal como os conhecemos, portanto, são o que são devido às formas que os ordenam. Isso não significa que o mundo dos fenômenos seja uma ilusão ou um produto de cada um dos sujeitos humanos separadamente. As formas dos fenômenos — justamente o tempo, o espaço, a causalidade, a substância — são obra do sujeito, mas uma obra comum, pois é comum o mundo em que vivemos. É verdade, porém, que sem sujeito o objeto não pode existir. Kant achava que as modernas ciências naturais, a física de Galileu e de Newton, assim como a geometria e a aritmética devem a sua verdade necessária justamente a essas formas. Galileu sabia que a física não era uma descrição da experiência; é impossível derivar as leis de Newton do conteúdo das percepções, pois essas leis existem *a priori*. Mas o próprio conceito do fenômeno supõe que há algo que se manifesta. Não sabemos, porém o que é aquilo que se manifesta. Não podemos nos livrar das condições subjetivas da experiência e não sabemos nada das coisas, como elas são "em si", sabemos apenas que existem e que não são fenômenos, mas outra coisa.

Alguns críticos afirmavam que o conceito da coisa em si é totalmente dispensável, porque se o eliminarmos, nada vai mudar. No entanto, para Kant foi importante não só o fato de que esse conceito é como que inserido no próprio conceito do fenômeno, e então os fenômenos são fenômenos de alguma coisa — senão poderíamos acreditar que o mundo é na verdade um fantasma da nossa consciência. Foi também importante, em particular, que nossa mente vive com a tentação irresistível de alcançar essas ideias que dão sentido ao ser, as ideias de Deus, de alma como substância autônoma, do cosmos cuja ordem abarca tudo. Mas essa tentação é vã, porque não há caminho que vá da nossa própria experiência até Deus, alma ou cosmos. Kant enfrenta todas as provas da existência de Deus que conhece e mostra a sua invalidade. Do fato de que pensamos não resulta também que existe um sujeito de pensamento à parte. Na experiência é também geralmente aplicável o princípio da necessidade causal, por isso não há como inferir dessa experiência que somos presenteados com o livre-arbítrio, nem que a alma seja uma coisa simples e, portanto, imortal. Daí também não resulta que Deus e alma não existem, mas apenas que é impossível provar sua existência na base de fatos e servindo-se dos instrumentos da razão teórica.

A razão, no entanto, nos serve não só para a interpretação da experiência. Ao lado da razão especulativa existe a razão prática, que tem seus próprios princípios *a priori* de caráter normativo. Esses princípios ou regras morais são absolutamente importantes, da mesma forma que os juízos *a priori* da matemática. Eles se referem a nossos deveres éticos, porém Kant presume como óbvio o fato de que o dever deve ser cumprido só porque ele é o dever e nunca porque os determinados atos estão de acordo com nossos desejos, interesses ou instintos. O princípio mais geral, denominado por Kant de imperativo categórico, exige que cada um de nós aja sempre e somente conforme as regras, as quais ele poderia querer que se tornassem também uma lei universal. Esse imperativo absoluto e universal é uma ordem da razão; ele evidencia que as regras morais são as mesmas para cada ser racional; que nossos desejos individuais não contam em questões da ética.

Fica então evidenciado que aquela razão prática tem primazia sobre a razão teórica e consegue alcançar as esferas metafísicas, às quais a razão teórica tem o acesso proibido. O postulado da razão prática é o livre-arbítrio, porque, mesmo que não possamos encontrá-lo no mundo dos fenômenos, todas as regras morais só têm sentido condicionadas pelo livre-arbítrio; é preciso então acreditar que, embora como componente do mundo dos fenômenos eu seja sujeito a uma universal necessidade casual, como coisa em si sou livre.

Também a imortalidade da alma é um postulado da razão prática. O imperativo moral supõe que o bem superior é possível e que o objetivo da vontade é a perfeição moral, porém ela é possível apenas sob a condição de um progresso infinito, que, por sua vez, só seria possível se nossa existência se estendesse até o infinito. Finalmente, o postulado da razão prática é Deus. Pois o bem supremo exige que a perfeição moral e a felicidade sejam conciliadas, enquanto no mundo da nossa experiência elas são totalmente separadas. Só graças a Deus essas duas realidades — a felicidade e a perfeição — podem existir juntas, como os dois lados de um único mundo.

Assim, as principais questões metafísicas — as perguntas acerca de Deus, da imortalidade, do livre-arbítrio —, teoricamente irresolúveis, são resolúveis como postulados da razão prática: se a razão revela a validade dos princípios éticos (imperativos da razão e não nossas decisões arbitrárias), e essa validade supõe as verdades metafísicas, então tais verdades se tornam fidedignas.

Kant havia elaborado seu próprio vocabulário filosófico, por isso a leitura de seus escritos é, às vezes, difícil, porém somos capazes de compreender seus pensamentos.

Eis as perguntas que nos faz Kant.

Primeiro: vários filósofos sustentavam que os juízos da matemática são analíticos. Pensemos, portanto, se um teorema aparentemente anti-intuitivo como o que a quantidade dos números pares é igual a todos os números positivos pode passar por uma explicitação do sentido desses termos. Ou será que teorema de que a sucessão dos números primos é infinita resulta do próprio conceito do número primo? Ou será que um teorema famoso de Fermat, muito fácil de ser compreendido, mas que esperou três séculos para ser comprovado, já está inserido no próprio conceito da potência aritmética? E se eles são realmente, como quer Kant, juízos sintéticos *a priori*, a que se referem? Ao tempo? Ao espaço?

A segunda pergunta refere-se ao imperativo categórico. Suponhamos que não obedeço a tal imperativo e que quero, por exemplo, que todos os homens sempre falem a verdade e cumpram as promessas, mas eu mentiria e não cumpriria a minha palavra sempre que isso me fosse conveniente. Fazendo assim, peco contra a razão e caio em uma contradição interna?

Terceira pergunta: acerca da razão prática. É possível que certas ordens morais, que não se referem diretamente a Deus ou à imortalidade da alma, suponham as verdades sobre Deus e a imortalidade para que possam ter sentido?

Quarta pergunta: É verdade que sempre e necessariamente os conceitos são componentes da nossa experiência?

Georg Wilhelm Friedrich Hegel

1770-1831

A afirmação de que Hegel é o fundador do que chamamos filosofia da história ou as meditações sobre o sentido e o destino da história do homem não seria, sem dúvida, acertada, embora nos últimos tempos justamente ele seja considerado uma força motora daquelas meditações. Foi Santo Agostinho quem iniciou essa filosofia. Nos tempos modernos ela foi cultivada por Bossuet. A intenção desses dois últimos pensadores, porém, foi diferente da de Hegel. Eles queriam mostrar a mão de Deus nos acontecimentos históricos e explicar como Deus dirige o destino dos Estados, dos reinos, das tribos ou dos chefes; que Ele nos quer esclarecer, advertir ou castigar, mostrar caminhos que devemos seguir para que Seus planos no mundo possam se cumprir. O próprio Deus porém, não está sujeito às transformações históricas, Ele é infinitamente perfeito e imutável, não pode então ter nenhum objetivo de realização ou amadurecimento.

Vista nessa perspectiva, a obra de Hegel é justamente uma história de Deus ou, mais precisamente, uma história do espírito absoluto. O absoluto e, portanto, uma realidade histórica (se o conceito de "um absoluto histórico" não for contraditório em si mesmo) e ao longo da história do mundo, a história da cultura humana, ele alcança sua plenitude, servindo-se do mundo como de um instrumento do seu próprio amadurecimento. Essa perspectiva parece evidentemente inaceitável para qualquer ortodoxia cristã, pois é impossível acreditar que Deus deve se exercitar ou evoluir em Sua perfeição.

Contudo, a rigidez dessa contraposição pode ser amenizada. Conhecemos as meditações dos filósofos cristãos de inclinações panteístas, para os quais a ideia do Deus histórico (embora essa expressão fosse ausente) não era absurda. Um grande metafísico e teólogo do século IX, João Escoto Erígena, tinha nos iniciado na história de Deus, que, ao criar o mundo imperfeito, marcado pela casualidade e pelo mal, leva esse mundo a uma união consigo mesmo e só assim Ele chega à sua própria plenitude; apesar disso, no final do drama cósmico, a diversidade da criação não fica aniquilada, mas permanece salva com toda a sua riqueza. Deus necessita do ato de criação: só através da autoalienação e como que da autonegação da sua própria infinitude e, finalmente, da reabsorção do ser criado, Deus alcança a sua plenitude. Um esquema como esse pode ser encontrado, até o século XX, em vários pensadores cristãos que enfrentavam a tentação do panteísmo. Eles não tinham podido satisfazer-se com a tradicional oposição entre Deus e o mundo e procuravam resposta à pergunta: para que Deus precisava criar o mundo se Ele é um absoluto autossuficiente?

Essa é também a pergunta de Hegel, expressa em outra linguagem. Ele quer desvendar o sentido pleno da história do espírito, para cujo crescimento a história da cultura humana é um instrumento indispensável. A história do homem está inserida na história do espírito que era no início da evolução do ser (é algo tão óbvio para Hegel que dispensa a discussão) e que será no seu fim, em uma união perfeita. Para que essa assimilação no processo de conhecimento, pois, se o objeto lhe é estranho, ele é também casual e limita o próprio espírito que assim não pode ser tudo? Aliás, este é um problema herdado da teologia cristã: Deus conhece tudo em si próprio e através de si próprio, senão outra coisa seria o limite de Deus. Só quando o espírito, através do sofrimento da história, absorve todo o ser e com ele se confunde, destruindo sua casualidade mas não a diversidade, o processo de amadurecimento necessário chega ao fim, o progresso alcança sua meta. Tal processo não pode estender-se infinitamente, como na filosofia de Kant, pois, se fosse infinito, a distância a ser percorrida permaneceria sempre a mesma, ou seja, infinitamente longa, e portanto não haveria verdadeiro progresso. O crescimento do espírito tem que ter seu fim. Esse crescimento ocorre em um processo de incessante negação da fase já alcançada; as negações sucessivas anulam formas anteriores; as formas uma vez adotadas são condenadas à aniquilação. Não é, no entanto, uma aniquilação que destrói a forma já passada, mas a aniquilação em que a riqueza da forma anterior é preservada na fase seguinte.

Podemos compreender tais processos, pois participamos da razão que não só observa o desenvolvimento do ser, mas que também é um componente desse desenvolvimento. Daí se deveria deduzir que a razão como instrumento do espírito é algo mutável e relativo; em outras palavras: que aquilo que sabemos sobre o mundo é sempre uma partícula desse mesmo mundo e não uma observação independente do mundo que contempla as suas obras. Por isso pode surgir a suspeita de que antes de o ser atingir uma forma perfeita não podemos apresentar pretensões de verdade no sentido comum da palavra, mas apenas de validade. Trata-se de uma mudança de atitude epistemológica: devemos estar cientes de que nosso pensamento é um componente daquilo que está pensando e não um observador externo ou um legislador — pelo menos até que o ser seja totalmente libertado da casualidade, quando então o objeto não será mais alienado da consciência, cumprindo-se inteiramente a infinidade do espírito.

Não podemos, portanto, definir a razão usando velhas regras abstratas, supostamente eternas, que ela nos manda observar. Apesar disso, sabemos sem dúvida que o mundo, progredindo, torna-se também cada vez mais racional e que nesse crescimento racional se cumpre seu destino. O mais famoso e mais citado *dictum* de Hegel diz que o que é real é racional, e que o que é racional é real. Alguns entendiam essa ideia provocante como uma triste recomendação para reconhecer a racionalidade de cada forma social ou política atual, mesmo que seja a mais terrível conforme nossos critérios comuns, mas digna de aprovação apenas pelo fato de existir. Isso seria uma convocação para a apatia universal. Essa explicação, contudo, não é muito boa, primeiro porque precisamos saber se o que estamos observando em uma determinada fase do desenvolvimento é verdadeiramente real ou se está apenas fingindo ser real, quando na verdade está à beira da aniquilação e a qualquer momento será apagado pela força irresistível do progresso. Como podemos nos certificar disso, o filósofo não o diz. Sabemos que cada etapa presenciada deve ser aniquilada, mas não temos nenhum método para avaliar se o que estamos vendo ainda é historicamente bem-fundamentado ou se é apenas uma recordação de um almoço já consumido. Não podemos, em particular, pronunciar tais sentenças nos referindo a princípios éticos abstratos, ao que deveria ser e não é, às nossas visões do mundo ideal. Hegel rejeita essa atitude moralizadora diante do mundo ou a construção da utopia como tentativas de luta contra o irresistível curso da história, fadadas ao fracasso. Pode, enfim, parecer que aplaudir o que existe só pelo fato de existir tem a mais forte razão a seu favor.

Seria pobre esse resultado, se tivesse de ficar como a última palavra da filosofia hegeliana da história. Mas em outras obras encontramos os critérios do progresso mais bem explicados. A natureza do espírito é a liberdade, que ele quer alcançar através da história humana. A história humana, portanto, é o progresso da consciência de liberdade. Progresso esse que, após as tiranias orientais, após a Antiguidade europeia, chega a se efetivar na cultura cristã germânica, em particular graças à grande Reforma, que, na opinião de Hegel, proclama a liberdade do homem, de cada homem como tal.

O progresso na história humana não é uma obra propositada dos autores dessa história, ele não tem nada a ver com as suas intenções. Os homens lutam por seus interesses particulares, são movidos por suas paixões, e mesmo assim realizam algo que ninguém havia planejado, mas que foi o propósito do espírito que trabalha sorrateiramente por trás dele. A história prossegue intencionalmente, mas essa intencionalidade não reside nas mentes humanas. Os autores não sabem, na verdade, para onde leva e qual é o sentido da peça em que atuam: desejam o poder ou a riqueza, ou ainda outros bens da terra, mas, involuntariamente, levam à efetivação dos grandes projetos do espírito. Quando sabemos desses projetos, nossa aprovação deles não exige nenhum ato mental específico, ela já está presente no próprio ato de compreensão; quando sabemos disso, os sofrimentos e os tormentos dos homens não ficam sem sentido. A revolta individual contra a história, em nome dos ideais éticos, é impotente e sem valor.

Na realização das tarefas do espírito, o Estado é a forma superior da vida coletiva. É o Estado que incorpora o destino histórico e também no Estado deve ocorrer a conciliação entre o indivíduo e a coletividade. Essa conciliação não deve resultar da coerção e da violência, mas da compreensão voluntária pelo indivíduo de seu papel e de suas tarefas. Todo o seu valor, tudo o que tem, o indivíduo deve ao Estado, que não pode condicionar suas decisões pela vontade da maioria, uma vez que as questões do Estado pertencem ao domínio do saber e da educação (isso faz lembrar a filosofia de Rousseau, que antes distinguia a "vontade universal" da "vontade de todos"). É preciso também lembrar que, embora possamos compreender as formas e os sistemas políticos irreversivelmente pertencentes ao passado, em que já não se pode mudar nada, a filosofia não tem o poder de antecipar o futuro.

Acusavam Hegel de tendências totalitárias, de fazer o elogio da onipotência do Estado, e também acusavam seus escritos de serem confusos, às vezes internamente contraditórios, muitas vezes incompreensíveis, delírios cobertos de uma fraseologia nebulosa. Independentemente de serem justas ou não essas opiniões, ele exerceu uma grande influência na cultura europeia graças a Marx, entre outros, que tinha adotado, mas também transformado, várias particularidades de seu pensamento.

As perguntas que nos faz Hegel são muito gerais e sua resposta completa, se fosse possível, exigiria um grande e demorado trabalho. Mas são perguntas com que deparamos com frequência.

1. Com que indicadores poderemos avaliar o progresso na história quando desistirmos das referências ao bem e ao mal? Ignoramos nessa pergunta as mudanças na tecnologia e na medicina (embora seja possível também perguntar se os argumentos com que o progresso nesses domínios pode ser questionado são razoáveis). E, mesmo que os indicadores do progresso existissem, até que ponto se pode afirmar que a história humana é de fato um progresso?

2. Acontecia, como sabemos, que a maioria de uma nação ou de um povo apoiava vigorosamente os atos criminosos, anti-humanos, destrutivos. Podemos então afirmar que seria mais seguro desistir de ter como referência a vontade da maioria? E então, como devem ser tomadas as decisões importantes e como se poderia impedir que essas decisões fossem criminosas, anti-humanas, destrutivas?

3. A filosofia, segundo Hegel, não pode antecipar com validade o futuro, pode apenas compreender as formas passadas da vida. Mas suponhamos que alguém apresente os argumentos racionais para mostrar que as mais terríveis formas estatais da história

recente, por exemplo, o hitlerismo ou o stalinismo, serviram no fim das contas ao progresso, assim como serviram ao progresso diversas expedições de bandidos, que transferiam as formas europeias, historicamente superiores, para os territórios atrasados, estagnados, primitivos. Se nessas deliberações não podemos apelar aos critérios do mal e do bem morais, a pergunta que se coloca é se tais argumentos racionais são possíveis e, caso sejam, o que eles podem mudar nas nossas mentes?

Arthur Schopenhauer

1788-1860

Quando ouvimos o nome de Schopenhauer, logo surge em nossa mente o estereótipo a ele associado, o de um "pessimista ranzinza". Ao contrário de outros estereótipos associados a vários filósofos, esse estereótipo se justifica: sim, ele foi um pessimista ranzinza. Mas no caso dele, isso não é apenas uma avaliação de seu caráter. Schopenhauer foi realmente pessimista como pensador, e o foi mais do que qualquer outro filósofo entre os que criaram a filosofia moderna. Sua obra mais significativa tem o inquietante título *O mundo como vontade e representação*. Esse título é inquietante, porque mesmo que a ideia de que o mundo é nossa representação pudesse ser encontrada em vários outros filósofos dos tempos anteriores, a expressão "mundo como vontade", à primeira vista (e talvez até à segunda), parece estranho. O mundo como objeto da nossa vontade — sabemos mais ou menos o que isso pode significar. Também a expressão "o mundo como obra da vontade divina" é tradicional e não incomoda ninguém. Mas "mundo como vontade" — o que quer dizer? A palavra "vontade", conforme costumamos pensar, não se refere a um ser autônomo, mas significa uma propriedade ou uma ação de alguém, de algum sujeito — humano ou divino; além disso, como falamos "essa é a minha vontade" ou "essa é a vontade de Deus", supomos, portanto, que a vontade contém uma intenção, um propósito.

Para Schopenhauer, o "mundo como vontade" não é uma metáfora nem uma explosão de extravagância. Ele quer que acreditemos que o mundo é realmente vontade: não a vontade divina ou humana, não a vontade de alguém, não algo que contenha uma intenção, um direcionamento ou um propósito. O ser é uma vontade cega, sem rumo, que não pretende nada, que nada deseja, simplesmente vontade como uma força todo-poderosa, da qual tudo depende no mundo, ao passo que ela mesma não depende de nada nem de ninguém, mas simplesmente existe. Essa verdade, segundo Schopenhauer, é óbvia; descobrimo-la nos atos de autoconhecimento, embora seja de estranhar que ninguém antes dele tenha descoberto essa verdade.

Schopenhauer retomou em novos termos a distinção kantiana entre o mundo fenomenal e a coisa em si vedada ao nosso conhecimento. Em seu filosofar falta um equivalente da razão prática, que tem em reserva suas próprias regras *a priori* e se permite expressar, conforme tais regras, as verdades sobre Deus, sobre a alma imortal, sobre o livre-arbítrio. Aqui não temos nem Deus, nem alma, nem livre-arbítrio — tudo no mundo, portanto também na vida e no comportamento dos homens, está sujeito a uma impiedosa necessidade. O mundo fenomenal, segundo a doutrina kantiana, é criado em colaboração com o sujeito humano; o tempo, o espaço e a casualidade são seus produtos psicológicos. A coisa em si, ou seja, a verdadeira realidade, o mundo independente do nosso imaginário, é a vontade vedada ao conhecimento, vontade de ninguém, vontade sem rumo. Eis o horror metafísico. Não podemos dominar essa vontade nem a conhecer; mesmo assim, precisamos acreditar que ela é uma vontade e não outra coisa. A essa vontade não se aplicam nem as categorias morais nem as matemáticas: ela não é má nem boa, não contém número nem outros produtos da mente humana. Na natureza não animada a vontade se manifesta da mesma forma que em nós, mas em nós sua atuação é consciente, conhecemos a vontade por meio de uma experiência interior consciente. A vontade é conhecida diretamente: nos atos de conhecimento, converge o que está sendo conhecido com quem está conhecendo.

Nossa mais importante experiência da vontade é a vontade de sobreviver, a vontade de vida. Em cada partícula do mundo essa vontade de sobreviver é ativa e inevitavelmente entra em choque com a vontade das outras partículas. Todo o mundo fenomenal é, portanto, uma guerra perpétua de todos contra todos, vontade inescrupulosa de sobreviver à custa do resto do mundo. Essa luta, como todo o cosmos, não revela nenhum sentido, e não o tem. Tudo o que acontece é o resultado da ação da vontade — irracional e sem objetivo; qualquer sentido do mundo é nossa ilusão. A unidade humana é a imagem do universo, o microcosmo, e sua vida é tão sem sentido como a vida do mundo.

Segundo Schopenhauer, é a experiência que nos permite saber tudo isso. As pretensões metafísicas *a priori*, levantadas por tantos filósofos, não têm valor (tal julgamento inclui também Hegel, que Schopenhauer não suportava).

Podemos nos vangloriar de ter acesso à verdade? Schopenhauer pronunciava com muita convicção seus juízos quase metafísicos, bastante incomuns, sobre a vontade como ser em si e sua relação com o mundo fenomenal, bem como sobre o tema kantiano de objetos como construções da mente. Ele passa a impressão de ter alcançado uma grande e inquestionável verdade sobre o mundo que antes dele ninguém enxergara. Por outro lado, assegura que o intelecto não pode dirigir a vontade, mas que é o servo dela; faz também o trabalho de desmascaramento, revelando os autoenganos que todos notoriamente cometemos para abafar o conhecimento de nossas próprias motivações e emoções, cuja revelação, mesmo diante de nós mesmos, nos reprovaria (o próprio Freud menciona que nesse ponto Schopenhauer antecipa a psicanálise). Pode ser que não sejamos capazes, com exceção de Schopenhauer, de conhecer a verdade. Nossa consciência, a que conhecemos, é apenas espuma e não sabemos das forças obscuras que na verdade nos dominam.

A imagem do mundo que sobressai dessas considerações é ameaçadora e deprimente: o destino humano é apenas sofrimento e desgraça. O filósofo, porém, não recomenda o suicídio, que, na opinião dele, erra o alvo. O suicida gostaria de poder matar a vontade de viver, mas só mata a vida; é impossível matar a vontade de viver. O suicídio é inútil e antes deveríamos desejar que a vontade atuasse sem quaisquer obstáculos. Quem poderia entender tais ponderações?

Será que existe um caminho de saída dessa caverna do mal e da desventura que não seja o suicídio? Temos apenas um alívio momentâneo, só momentâneo, em uma desinteressada contemplação estética, em uma recepção da obra de arte. A música é que proporciona a forma suprema dessa contemplação: ao contrário das artes miméticas, plásticas, ela não precisa apresentar a objetivação das coisas, mas quer de alguma forma chegar até a natureza do ser, desvendar a vontade e, ao fazer isso, torna-nos temporariamente independentes do mundo dos fenômenos (mas não fica claro por que isso deveria trazer-nos alívio se a natureza do ser é tão apavorante).

Obviamente, na vida há momentos de prazer, mas Schopenhauer insiste que o prazer é um fenômeno puramente negativo, uma ausência de sofrimento. Os prazeres do sexo terminam inevitavelmente na desilusão. Schopenhauer glorifica até mesmo a virtude da castidade (mas não parece que ele próprio a tivesse praticado). Uma satisfação aparente do desejo gera imediatamente novos desejos não satisfeitos. O que na vida é bom, nós o vemos apenas no passado e nos sonhos do futuro, não no presente. O mundo é algo que faliu, portanto não há motivo para estarmos felizes pelo fato de ele existir. O principal mandamento moral é praticar nossa capacidade de ver os outros como a nós mesmos, de nos identificarmos com o outro, ou seja, a compaixão.

Não há, portanto, salvação para nós nessa vida, nem salvação eterna. Para que viver então? Parece que fazer uma pergunta dessas a Schopenhauer seria inútil: o desejo de autopreservação, de sobrevivência, faz parte da nossa natureza, então deve ter sido preparado pela vontade e por isso é indispensável e não pode ser aniquilado. A vontade quer porque quer, e a questão de saber para que serve a vontade não tem sentido.

Schopenhauer apreciava muito a leitura das obras clássicas budistas e indianas e acreditava que sua própria visão do mundo era familiar à visão budista, embora não haja motivos para suspeitar de que ele a tivesse construído sob a influência de tais leituras, pois o budismo nos oferece um caminho de libertação, ao passo que a filosofia de Schopenhauer não nos aponta nenhum. No entanto, ele tomou daquela tradição o conselho de tentarmos nos livrar dos desejos em vez de procurar satisfazê-los.

As perguntas de Schopenhauer são estranhas e remetem ao sentido original da sua filosofia. Poderíamos realmente entender o que é essa vontade, a vontade de ninguém que não tem nenhum objetivo, embora governe tudo sem ter finalidade nem razão que a oriente? E que experiências nos teriam podido levar a acreditar nessa vontade vã e prepotente?

E como foi possível que embora a experiência cotidiana nos inicie nessa vontade, ninguém antes tivesse conseguido desvendá-la? E por que, contrariando o significado comum das palavras, devemos dar o nome de vontade a essa energia original do ser?

A outra pergunta é: a que experiências poderíamos nos referir para afirmar que as coisas boas e os prazeres que experimentamos na vida são fenômenos negativos, como falta de sofrimento e de dor, e não o contrário?

E eis a pergunta arquimetafísica. A afirmação de que seria melhor que o mundo não existisse tem algum sentido ou é totalmente absurda: seria melhor para quem? Certamente não para nós, que não existiríamos. Não para a vontade cósmica, porque para ela nada pode ser melhor ou pior. Então melhor em geral? O que isso quer dizer? E se tal afirmação for absurda, seria igualmente absurda sua negação, ou seja, a expressão: "é bom que o mundo exista"?

Søren Aabye Kierkegaard

1813-1855

É praticamente impossível classificar o conteúdo dos escritos de Kierkegaard. De todos os que têm a reputação de grandes filósofos e não se consideraram filósofos, ele é o que mais resiste às tentativas de ser classificado: como o poeta lírico, que de fato era. Os escritos de nenhum filósofo dependem tanto da biografia. Alguns deles são relatos maldisfarçados da vida privada, narrados na terceira pessoa, como a história de um amor e do rompimento voluntário do noivado por motivos explicados em seguida em uma análise psicológica extremamente confusa, que como tal já deve ter um significado filosófico. Quem quiser elaborar um quadro aproximadamente completo do pensamento desse filósofo precisa necessariamente descrever a história desse amor autodestrutivo. Precisa também descrever sua relação com o pai, que se considerava um pecador condenado (principalmente porque, como um jovem pastor atormentado pela miséria e pelas desgraças, blasfemara contra Deus) e que educava o filho em um ambiente de terror religioso e de temor a Deus.

O estereótipo de Kierkegaard o apresenta como um precursor, no século XIX, do existencialismo ou filosofia existencial do século XX, embora nem ele nem nenhum outro filósofo conhecido, exceto Sartre, aplicasse a si próprio o termo "existencialista"; falavam, sim, da filosofia da existência. Repugnaria inteiramente a Kierkegaard saber-se envolvido em algum ismo e ser considerado filósofo. Mas já sabia quem seria seu herdeiro: uma figura que lhe foi mais antipática, ou seja, o professor universitário. Seus escritos, muitas vezes nebulosos, prolixos, cansativos, cheios de repetições poéticas, são visivelmente feitos de forma a não ser possível resumi-los na língua dos filósofos. São antes alusões intrincadas do que lições.

O desprezo pela filosofia não é em Kierkegaard um capricho ou uma trama lateral, mas está no cerne do seu pensamento, bem como no caso de Pascal, semelhante a ele em várias questões (embora não na forma de escrever, pois conhecemos Pascal, sobretudo, por seus apontamentos sucintos, dramáticos, acertados e claros). A filosofia não tem valor, porque as duas realidades fundamentais, que são indispensáveis e que definem preponderantemente a vida, ou seja, "eu" e Deus, são inexprimíveis e indescritíveis, embora seja preciso descrevê-las de alguma forma indireta. Deve-se observar, contudo, que quando se define alguns seres como inexprimíveis não se fala das suas propriedades, mas sim das condições do seu conhecimento, o que já pertence à filosofia.

Pois Kierkegaard tem grandes dificuldades em apresentar o que realmente quer dizer. Cada pessoa humana, repetia, é uma realidade única, irredutível às abstrações usadas pela ciência — e também por Hegel — para falar dos homens. Mas não basta dizer que cada um é único, porque não há duas pedras ou duas folhas de árvore que sejam idênticas. Cada pedra e cada folha pode ser exaustivamente descrita com termos abstratos, mas não há como descrever assim a pessoa humana, não há categorias abstratas capazes de captar a unicidade pessoal. Sendo nossa língua composta por expressões abstratas adequadas para a descrição de muitos objetos, ela é impotente quando se trata de falar da realidade única do "eu". As unidades humanas não se somam, não tem sentido dizer que existem duas ou mais unidades; a unidade não é um exemplo ou uma peça de uma espécie. Hegel não entendia ou não quis entender isso. Ele reduzia tudo, também as pessoas, àquilo que é universal, a esquemas e categorias gerais. A unicidade humana não cabe em seu sistema.

Minha singularidade, por não poder ser reduzida a nada, por não ser parte do mundo e por não pertencer a nenhuma espécie, por não caber em nenhum conceito, precisa rejeitar todas as pretensões do pensamento racionalista. Porque o racionalismo busca verdades aceitáveis para todos, mostra métodos de pensamento universalmente em vigor, por isso ele é bom para várias tarefas práticas, mas não é capaz de lidar com as únicas realidades importantes e finais: a pessoa humana e Deus.

Porque o indivíduo em si mesmo não se refere apenas a si mesmo; embora não seja parte do mundo, não é também um átomo flutuando no vácuo; refere-se a Deus e à eternidade. Deus sabe tudo acerca de cada ser humano, mas fala apenas àquela única pessoa que cada um é. Jesus Cristo se dirigia a cada um de seus ouvintes, não à multidão. A existência particular é uma realidade que fica diante de Deus na penitência e no medo.

Há três formas ou três fases da vida. Há a fase estética, em que o indivíduo se concentra em si mesmo, busca a satisfação própria e o prazer. Assim, não vive por força de um ato de escolha; trata-se, ao contrário, de uma recusa de escolha. No fundo do prazer estético, porém, fica de tocaia um desespero oculto. Há a fase ética, em que o indivíduo vive de acordo com as normas éticas universais, rende-se voluntariamente ao que é geral, geralmente importante, geralmente compreensível. Se não houvesse nada além da fase ética, Hegel teria razão. Há, finalmente, a fase ou a forma da vida religiosa, quando o indivíduo refere-se não às normas sociais e éticas, mas a Deus. E a Deus precisamos nos dirigir cientes de nossa condição de pecadores, com medo e sabendo que diante d'Ele nunca temos razão.

Kierkegaard pondera minuciosamente a possibilidade de sair da forma ética da vida para a forma religiosa, pondera e de várias perspectivas possíveis examina a questão no terrível exemplo de Abraão, a quem Deus ordenou que matasse o próprio filho. Obedecendo a ordem de Deus e tornando-se assim cavaleiro da fé, Abraão desafia dramaticamente a capacidade de compreender dos homens.

A fé não é uma coleção de dogmas ou de verdades religiosas que aceitamos ou deveríamos aceitar. Não é o conhecimento. Conforme o uso da palavra pelo apóstolo Paulo e por Lutero, a fé é uma confiança incondicional em Deus e a rendição a ele. Por isso mesmo a fé é a aceitação de um paradoxo e até de um absurdo. O absurdo é que a velha Sara vai dar à luz um filho, e é um absurdo que Abraão tenha que matar esse filho. Abraão ou é um cavaleiro da fé ou um assassino do próprio filho. Em categorias humanas e comuns, ele é o assassino. Mas no caso dele ocorre a suspensão do que é ético e universalmente importante. Agora sabemos que o indivíduo entregue a Deus fica acima do que é ético e importante sem exceção. São Paulo também ensina que a lei foi anulada pela fé.

O cavaleiro da fé é alguém bem diferente do herói das tragédias românticas ou clássicas. As semelhanças são ilusórias. Ifigênia também é entregue em sacrifício pelo pai, mas entregue em nome de razões sociais ou tribais, portanto ele está sujeito a certas regras universais, bem diferente de Abraão, que é o herói trágico. Graças à fé ele recupera o filho.

A fé é paixão, a paixão de um indivíduo irredutível a uma espécie. É também a aceitação do que para a razão é um absurdo ou um paradoxo. É um paradoxo que Deus tenha podido adotar a figura humana, o que foi necessário para que ele pudesse ensinar a mim e a você. É um paradoxo que precisemos ser responsáveis pelo que não fizemos, como ensina a história do pecado original. Quando a razão se choca com o paradoxo, nasce a fé. Mas a fé não é dada de uma vez para sempre, ela precisa ser constantemente renovada. Apenas um pode recebê-la de Deus, mas quando São Paulo diz que só um alcança o fim ele não exclui os outros, porque esse um pode ser cada um.

É impossível obter a fé dos conhecimentos da história. Sim, o cristianismo nasceu como um fato histórico, mas, ao contrário do que diz Hegel, não é simplesmente uma fase da evolução do espírito. Por isso não é a história que nos ensina o cristianismo: precisamos ser contemporâneos de Cristo. Ser um cristão objetivo, por sua relação com a instituição, é ser pagão. A instituição eclesiástica, assim como foi conhecida por Kierkegaard, foi uma negação da fé. A Igreja luterana não é para ele o lugar da fé nem a casa da palavra de Deus. Os pastores são funcionários do Estado, que cuidam de suas carreiras. É sobre eles que falou Jesus quando condenava os fariseus e quando expulsava os vendilhões do templo. Se Ele voltasse hoje à Terra, seria morto por eles. As diatribes antieclesiásticas de Kierkegaard lembram, às vezes, o jovem Lutero, e as acusações de que Lutero acabou construindo sua própria igreja lembram as palavras dos radicais da Reforma do século XVI, que também acreditavam que os verdadeiros servos de Deus não precisam de Igreja.

A fé, portanto, não tem e não pode ter embasamento racional. É impossível provar a existência de Deus: não há um ponto de partida para começar uma prova como essa; se tentássemos fazê-lo, teríamos de presumir de antemão o resultado. Mas é preciso repetir: a fé não se refere a nenhum teorema teológico. Não se deve e não é preciso justificá-la. Ela também não é sentimento, como queriam alguns românticos, embora seja paixão (mas Kierkegaard não explica o que isso quer dizer). Deus é o que é absolutamente diferente, não tem nome: estamos cientes de uma distância infinita que nos separa d'Ele. Quando a razão pensa que é radicalmente diferente, ela nega a si mesma. Talvez se possa dizer que a fé é um corpo estranho no mundo da nossa razão e da nossa vida presente. Ela é um dom de Deus e não da Igreja, embora Kierkegaard, em seus ataques contra a Igreja luterana, não dissesse diretamente que a Igreja era dispensável, nem que fosse um obstáculo.

Kierkegaard não é um místico, porque não acredita que a distância infinita entre mim e Deus possa ser anulada; aos místicos o assemelha o menosprezo com que trata das tentativas da defesa da fé com instrumentos racionais, bem como a convicção de que Deus não tem nome, e que é escondido, segundo Isaías.

Como Kierkegaard entendia a relação entre o mundo e a eternidade, mostra-o o seu comentário sobre o signo do apocalipse. No teatro começa o incêndio, mas, por coincidência, o palhaço anuncia isso ao público. Ninguém acredita nele; obviamente, todos riem até que morrem, consumidos pelas chamas. Assim o fim do mundo chegará em um ambiente de alegria geral.

Kierkegaard não quis ser filósofo, mais o foi, contrariando a si mesmo, porque desejou falar do que não convém falar. Assim, nos sugere algumas perguntas, embora não as formule.

Se — como sustenta Kierkegaard — a fé é um dom de Deus, não dos homens nem da história, isso não significa que a Igreja seja dispensável para a religião?

Segundo alguns filósofos, a palavra "eu" não designa nenhum objeto, embora seu uso seja justificado. Segundo Kierkegaard, a pessoa humana, que é única, não pode ser definida pela palavra. Essas duas afirmações dizem o mesmo?

É possível dizer, sem cair em contradição, que algo é verdade mas só para mim? É possível dizer, sem cair em contradição, que Deus é desconhecido e que deve ser venerado?

Friedrich Wilhelm Nietzsche

1844-1900

Muitas vezes Nietzsche foi chamado de propagador do niilismo, porque no seu pensamento não há fé em um sentido do mundo, nem o reconhecimento da distinção cristã — ou de qualquer outra — entre o bem e o mal. Ele próprio, no entanto, não só não se apresentava como niilista, como ainda reservava esse adjetivo para reprovar os mandamentos morais do cristianismo, que, em sua opinião, eram hostis à vida e hostis aos instintos capazes de levar o homem a uma condição mais nobre. Conforme o uso comum da palavra, é Nietzsche que antes merece ser chamado assim e não seus inimigos cristãos, mas essa é apenas uma questão semântica de menor importância.

Com certeza, a obra de um filósofo, assim como a obra de um poeta ou de um pintor, pode ser considerada parte da sua biografia, e sobre a biografia de Nietzsche debruçaram-se muitos historiadores, psicólogos e psiquiatras, buscando ali as fontes de seu pensamento. No caso do filósofo, pesquisas como essas têm, no entanto, um sentido um pouco diferente do que no caso do poeta ou do pintor, uma vez que no caso destes o conhecimento da biografia pode não só enriquecer nossa compreensão da obra, como, além disso, ser indispensável para essa compreensão. O filósofo, porém, tem quase sempre pelo menos a ambição de oferecer aos leitores textos legíveis e compreensíveis, mesmo sem referências ao percurso de sua vida, a suas doenças ou singularidades de caráter; se a obra de um filósofo fosse incompreensível sem essas referências, certamente não valeria a pena estudá-la. E não dá para dizer o mesmo sobre a obra de um poeta ou de um pintor. Assim é possível estudar os textos de Nietzsche por si mesmos, sem implicá-los com suas moléstias ou com a doença mental que o obrigou a passar os últimos anos de sua vida em um sanatório. Sua biografia não influenciou numerosos escritores e pensadores encantados com a sua retórica, pois sem dúvida Nietzsche era um grande mestre da prosa alemã, embora possamos discutir se o grande papel que teve na vida espiritual do século XX foi benfazejo ou funesto.

Nietzsche foi muitas vezes criticado pelo fato de que, ao comparar seus escritos, se encontram neles várias ideias incompatíveis entre si, mas sempre defendidas com a mesma segurança e convicção: sobre a verdade, o tempo, a arte. Mesmo assim, o alvo de seus ataques fica claro. Ele não era o filósofo que respondia às perguntas de Locke ou de Kant. Fustigava impiedosamente a civilização europeia contemporânea, suas ilusões e sua hipocrisia, sua incapacidade de enxergar o mundo como ele é. E como é esse mundo? A resposta é clara. Nem o mundo nem a história humana têm sentido, ordem racional, objetivo. Só há um caos desprovido de razão, sem qualquer direção ordenadora, do qual nenhuma Providência toma conta. Não há outro mundo, apenas este; o resto é ilusão.

Com certeza, nos tempos de Nietzsche, o ateísmo não era na cultura europeia uma novidade nem um desafio escandaloso. Mas a frase mais famosa de Nietzsche, o anúncio de Zaratustra: "Deus morreu", teve consequências explosivas. Ela não significava simplesmente: Deus não existe. Foi um golpe contra o mundo espiritual da burguesia alemã e europeia, e ia mostrar que o mundo cujo fundamento era a tradição cristã deixara de existir ou apenas fingia, hipócrita, a existência. É preciso conscientizar as pessoas de que o mundo está vazio.

Esse mundo sem Deus, sem ordem e sem rumo, seria concebido por desígnios da ciência? Não. Em algumas de suas obras, Nietzsche glorificava a ciência e estava fascinado pelo darwinismo, na época ainda novidade cultural. É verdade que não tinha assimilado do darwinismo a fé de que graças à evolução ocorre um contínuo aperfeiçoamento dos seres vivos e que há um progresso. Mas a lei da seleção o satisfazia: os exemplares inferiores da espécie devem perecer, os melhores e mais nobres sobrevivem. Ele quis que essa regra funcionasse consequentemente na espécie humana para que os indivíduos mais fracos e inferiores perecessem, e os superiores e mais fortes durassem, ajudando os inferiores a perecer. A cultura cristã, porém, funciona de modo inverso: nos manda defender os fracos e os medíocres, cuidar deles, contrariando a natureza, à revelia das leis da vida. O cristianismo é simplesmente um inimigo da vida. Do darwinismo Nietzsche assimilou também a fé de que o homem é um animal, o que, obviamente, sempre se soube, mas que nessa filosofia ganhava outro sentido, porque significava que o homem é um animal e nada mais.

Pode-se ainda acrescentar que o pensamento do Eterno Retorno, proclamado já pelos antigos estoicos, Nietzsche considerava-o sua hipótese científica. Segundo esse pensamento, o universo tem um número finito de partículas e, por isso também, um número finito de configurações possíveis; portanto cada configuração precisa voltar, e voltar infinitas vezes, embora esses retornos sejam separados por abismos gigantescos de tempo. O que quer que aconteça, incluindo todos os detalhes da vida de cada um de nós, se repete exatamente como era, embora, obviamente, não possamos nos lembrar de nossas vidas passadas. Não é a reencarnação, como nas religiões orientais, porque não há nem progresso nem degradação, mas uma repetição monótona do mesmo. Nietzsche tomava totalmente a sério essa fantasia.

Mas, em suma, mesmo que às vezes Nietzsche fizesse elogios à ciência — os pesquisadores falam até de um período "positivista" em sua vida —, ele também não esperava da ciência uma Verdade no sentido pleno e nobre da palavra. A ciência, como qualquer forma de conhecimento, não pode livrar-se de uma perspectiva parcial. Ela precisa fundamentar-se em fatos, mas, como vimos, não existem "fatos", apenas interpretações. E para asseverar que o céu está vazio e que não se vê Deus não são necessárias averiguações científicas.

Será que, imersos em um caos desprovido de sentido, podemos encontrar na vida algum sentido e convencermo-nos de que vale a pena viver? Nenhum sentido é dado a nossa vida de fora, não há nenhum sentido que nos espera, mas é possível criar esse sentido. Por isso é preciso se livrar das superstições correntes, das regras morais com as quais nos alimentam Jesus e o cristianismo, regras contrárias à vida, que glorificam a fraqueza, a compaixão e a humildade, e se armar em vontade de poder, para que essa vontade e uma poderosa afirmação da vida possam tomar o lugar da moral servil do Evangelho, que nasceu do ressentimento, do desejo de vingança que os impotentes rebanhos humanos nutriam em relação aos nobres senhores. A moral dos escravos foi o que originou a distinção entre o bem e o mal. A moral dos senhores não precisa dessa oposição: a palavra "mal" é dispensável. Apenas a palavra "não bom", ou seja, contrário à vida, contrário à expansão da vida vitoriosa, é que tem sentido.

Mas "a vontade de poder" — expressão crucial na obra de Nietzsche — pode ser considerada em sentido mais amplo ou mais estrito. No sentido mais estrito, é um estado desejável de espírito de um nobre e corajoso guerreiro que quer e sabe sobressair da mediocridade que o cerca, que não tem medo da solidão e de ser odiado pela multidão, que incorpora um tipo superior de homem; e, se a humanidade tem algum objetivo, esse objetivo se realiza nesses seus melhores filhos (mas o que, nesse contexto, significa a palavra "objetivo", não o sabemos). A vontade de poder, porém, aparece nos últimos escritos de Nietzsche também no sentido mais amplo — como um mecanismo cósmico, um princípio metafísico, por dizer assim, mas o adjetivo "metafísico" não combina com essa filosofia. Toda a realidade é um conjunto de inúmeros núcleos de vontade de poder e cada um deles procura ampliar seu domínio à custa dos outros. Cada um de nós é um núcleo desses. Nessa luta sempiterna não há sentido nem direcionamento.

O homem superior, levado pela vontade de poder, não cuida de seu interesse particular, mas também não sabe o que são o pecado, os remorsos ou a compaixão. Isso não quer dizer que ele seja um sádico, que quer maltratar os exemplares inferiores da espécie — por eles não se interessa.

Nesse confronto entre a moral dos senhores e a moral dos escravos, entre os exploradores da grandeza e os medíocres condenados à extinção, ou, como diz o filósofo, a ralé, se vê o desprezo pelas pessoas comuns, que não têm aspirações intelectuais nem artísticas. Certamente Nietzsche sabia que sem o padeiro da esquina e sem o sapateiro da outra esquina ele não teria como arranjar-se na vida. Mas o padeiro e o sapateiro não lhe interessavam. Seu ódio estava dirigido principalmente à ralé educada, aos jornalistas, literatos, políticos ou filósofos, comerciantes das ideias na moda, propagadores da fé em direitos da maioria, em igualdade dos homens — na versão liberal ou socialista. Esses, ele os acusava de civilização desnaturada, de incapacidade de enfrentar a realidade cara a cara.

Bertrand Russell diz que a filosofia de Nietzsche pode ser resumida nas palavras de *Rei Lear*, de Shakespeare: "Farei tais coisas — quais, ainda ignoro — que hão de ser o terror de toda a Terra." (Ato II, cena IV.)

Não é uma malícia sem fundamento, se lembrarmos vários gritos fanfarrões do filósofo que se autodenominava profeta dos tempos vindouros. O problema é que nesse ponto Nietzsche tinha uma boa dose de razão: falamos muitas vezes do século XX como a época pós-nietzschiana, e Nietzsche, em sua mensagem ao mundo futuro, realmente exprime em grau considerável o niilismo e a descrença desse mundo, bem como o abandono da compaixão, do amor ao próximo e das virtudes cristãs. A imagem de Nietzsche foi evidentemente poluída pelo nacional-socialismo alemão, que o declarou seu arauto. Para isso, porém, precisava falsificar e diminuir o filósofo, pois Nietzsche não era o bardo do nacionalismo e do antissemitismo alemão, o que é fácil de provar. Se tivesse vivido até os tempos da Segunda Guerra Mundial, certamente não iria se indignar com a expansão imperial do Terceiro Reich, mesmo sendo ela responsável pelo aniquilamento de outras nações: o peixe grande devora o pequeno, são leis da natureza, e lamentar isso seria uma estupidez. Mas iria desprezar a corja hitlerista, porque não eram solitários e nobres, embora impiedosos, guerreiros, mas justamente uma encarnação das emoções e das necessidades de rebanho que ele odiava. O nietzschianismo do movimento hitlerista foi uma falsificação, mas uma falsificação pela metade.

No entanto, o leitor de Nietzsche sente que por trás da barulhenta exaltação da vida, da apoteose do que é sublime, poderoso e grande, trepida um incurável desespero da mente ferida com sua própria descoberta do absurdo da existência.

Podemos então fazer uma pergunta cuja resposta nos é indicada pelo senso comum e não pela estatística: eram mais numerosos aqueles que, inspirados pela retórica de Nietzsche, conseguiram chegar à perfeição em uma das disciplinas da atividade humana ou aqueles que, obedecendo a seus apelos, não conseguiram atendê-los e cometeram suicídio?

Eis algumas das perguntas que Nietzsche nos faz.

Suponhamos que acreditássemos no Eterno Retorno, isto é, que vamos repetir inúmeras vezes e com todos os detalhes nossa vida. Seria isso algo animador, apavorante ou indiferente?

O cristianismo, segundo Nietzsche, é uma religião de fraqueza humana e de medo, uma religião inimiga da vida e da força. O fato de ter sido vitorioso na história e ter consolidado seu domínio sobre grandes territórios do mundo pode invalidar essa tese?

Temos que cultivar a vontade de poder e criar nosso próprio sentido de vida sem nos preocupar com as regras do bem e do mal que herdamos. Será que um grande artista é diferente de um grande criminoso e precisamos admirar ambos do mesmo modo, se tiverem construído seu sentido de vida tal como o quiseram?

Henri Bergson

1859-1941

A criatividade, a novidade, a liberdade, o impulso vital, a divindade, a intuição — eis os conceitos que invocam a metafísica de Bergson. Ele acreditava, contrariando os positivistas, que a metafísica é tanto possível como necessária ao homem; afirmava ao mesmo tempo, contrariando os kantianos, que a metafísica pode ser construída na base da experiência e, mais ainda, que ela não vale nada se não tiver essa base.

A pista de decolagem teórica é a experiência do tempo e do movimento. O tempo é a realidade mais diretamente vivenciada por cada um de nós. Mas não captamos necessariamente essa vivência na nossa reflexão. Reparemos: o que passou não existe, o que virá não existe. Só o presente é real, e o presente é uma realidade psíquica. Mas o passado e o futuro não são irreais no mesmo sentido. O futuro é ausente no sentido radical. A previsão é uma necessidade de vida e de ciência. Mas prevendo, bem ou mal, não fazemos com que a experiência do futuro seja real. Ele não existe, há apenas certas regularidades da experiência. O passado, por sua vez, é real — não do mesmo modo como o presente, mas se conserva na memória, que lhe permite participar do presente. Tanto a memória quanto a experiência do presente são fenômenos psíquicos; o tempo é uma realidade psíquica. E o tempo que conhecemos das equações da física? Este não é o tempo real; é uma ficção do tempo esboçada à imagem do espaço. Mas esse tempo construído artificialmente é imprescindível para nós: sem ele não seria possível nem a física nem a ciência.

A ciência seria ficção? A ciência separa o mundo em fragmentos que podem ser usados em manipulações práticas. No entanto, diz Bergson — um nominalista —, as propriedades das coisas são uma obra de abstração, ao passo que o que é real é sempre algo único no mundo.

Será que então temos o acesso à verdade do mundo, uma verdade não contaminada pelos interesses utilitários? Sim, nós o temos através da intuição; ela sintoniza com a própria coisa, apanha-a de dentro, em seu único ser e única duração. Não fica claro o que pode ser objeto dessa apreensão intuitiva, mas certamente posso através dela ver a mim mesmo, minha alma, minha duração.

Nossa inteligência supõe espontaneamente que o mundo é estático e que o movimento é como que acrescentado à coisa. Ela tenta reproduzir o movimento, tomando como ponto de partida aquilo que é estático, como a fita do filme que pode produzir uma ilusão de movimento por meio da passagem contínua de imagens imóveis. Mas as coisas são na verdade cristalizações mentais do movimento e não seres primordiais.

Daí vem uma sugestão de que o mundo teria natureza espiritual, ou, antes, que ele seria um movimento dirigido espiritualmente. E é assim mesmo, diz Bergson. Cada um de nós é um corpo físico entre outros corpos físicos, sujeito a todas as leis do universo físico. Nosso cérebro também é um órgão do corpo e serve a suas necessidades. Isso não implica, porém, que toda a nossa vida psíquica, nossa memória, seja produto do cérebro. Sabe-se, obviamente, que várias lesões cerebrais causam danos à memória, fato que levava muitas pessoas à conclusão de que a memória e todas as manifestações de caráter espiritual eram uma função do tecido nervoso. Bergson dedicou longos anos ao estudo da neurofisiologia para esclarecer essa questão. Eis o quadro que se apresenta a partir de um livro específico e de vários ensaios escritos por ele sobre o tema.

O cérebro é um órgão cuja função é selecionar o que é percebido e o que é lembrado. Ignora o que é dispensável. Na pura memória tudo é preservado, cada detalhe das experiências passadas, mas na memória cerebral, censurada, permanece apenas o que é necessário do ponto de vista prático. A memória não está fisicamente implantada no tecido cerebral, é somente manipulada por ele. Nosso sistema nervoso é o lugar onde a consciência encontra o corpo, mas são entes distintos. A consciência não é uma parte nem uma função do corpo; também não tem propriedades espaciais. É uma realidade contínua, indivisível, em permanente crescimento; é o tempo, não um objeto no tempo. E, embora ela mude de conteúdo em cada ato de experiência, é um ser pessoal contínuo, a mesma consciência. É também improvável que a consciência seja o resultado da evolução que a tivesse produzido como um instrumento da sobrevivência dos indivíduos e das espécies. Um instrumento desses parece um apêndice dispensável de outros mecanismos de autodefesa.

Se a consciência, ou seja, a memória, embora limitada pela supervisão do corpo, não é presa a ele nem por ele formada, é preciso admitir que ela dura apesar da morte e da decomposição do corpo. A duração infinita não pode, pela natureza das coisas, ser deduzida de dados empíricos, mas é uma questão de revelação religiosa. A questão da vida após a morte é o cerne da reflexão filosófica, pois a filosofia seria sem valor se não fosse capaz de descobrir o sentido do destino humano e de responder à pergunta sobre de onde viemos e para onde vamos.

O espírito humano, apesar de ter o lugar de encontro e de cooperação com a matéria, em sua duração independe dela, é capaz de criar coisas novas, que a matéria não anuncia nem prevê, e ele próprio não as conhece antes de criá-las, porque é livre. O mesmo pode ser dito sobre o espírito que dirige o processo da evolução cósmica e da evolução da vida no universo.

Já o próprio título da obra mais lida de Bergson — *A evolução criativa* — mostra seu propósito, dirigido tanto contra uma visão comum do darwinismo, como contra uma fé na Providência onisciente e infalível em seu planejamento. A evolução da matéria orgânica e as transformações das espécies são um processo criativo, o que significa que é movido por uma enorme energia espiritual, divina, e não consiste em fabricação de formas planejadas de antemão em detalhes, mas no confronto da vontade com a inércia da matéria para realizar obras espirituais cada vez mais perfeitas. Que toda a evolução seja reduzida a mutações acidentais, seguidas pela eliminação mecânica dos seres mal adaptados, é uma ideia contrária não só à essência da criatividade, mas à própria ideia de evolução; esses mecanismos funcionam apenas nos pequenos trechos do processo de desenvolvimento.

Por outro lado, a doutrina aparentemente contrária, segundo a qual cada fase do desenvolvimento é planejada com detalhes pelo Grande Arquiteto, também está destruindo a criatividade, ou seja, como a doutrina anterior, destrói o tempo real, do qual, nessa perspectiva, sobra apenas a manivela que dá corda ao mecanismo que produz um plano pronto. A fé em uma causalidade onipresente é uma superstição dogmática dos filósofos, sem qualquer justificação. Mas igualmente estéril é a negação desse dogma em forma de fé em alguns inexplicáveis vácuos, algumas lacunas do processo da evolução. A evolução é dirigida pelo impulso vital, que não sabe de antemão o resultado de sua criação, mas tem embutida em si uma vontade permanente de usar a matéria-prima material para uma expressão cada vez melhor do espírito. Essa força divina não é de modo algum infalível, ela trabalha fazendo tentativas, cometendo erros, muitas vezes abandonando as criaturas no início da formação ou já formadas, para responder de outro modo aos desafios das tarefas que ela própria se propõe a executar. A matéria inerte é para ela indispensável para criar, mas é também um obstáculo, que é preciso superar constantemente. A criatura suprema, talvez a última, da evolução é a espécie humana, qualitativamente distinta de todas as outras, equipada não só com o instinto e a inteligência —

muitas vezes em conflito —, mas também com a capacidade de criar e de escolher livremente.

A imagem de Deus na obra de Bergson não é singularizada; Ele é a criatividade e o amor e sabemos disso pela experiência e não pelas abstrações metafísicas. Os teólogos cristãos acusavam essa filosofia, certamente não sem razão, do pecado de panteísmo. Deus é a criatividade, o esforço, não um ser imutável; Sua existência é inseparável da matéria-prima de Sua obra, não pode haver criação do nada; Deus não é um ser em si, mas é como que um espírito atuante do cosmos. A matéria e a criatividade se contrariam mutuamente. Deus não podia ter acionado o processo de vida sem se utilizar da matéria, e os organismos e as espécies nela inseridos tendem a fixar sua existência, provocando inevitavelmente os conflitos. A natureza, como sabemos, é um campo de batalha e parece que o próprio Deus não poderia ter criado o mundo, em que os seres vivos não iriam se expandir à custa dos outros.

Embora a vida, dominada pelos motivos práticos, deforme inevitavelmente a percepção e o pensamento, às vezes somos capazes de olhar o mundo desinteressadamente. Faz esse esforço a expressão artística, que pretende nos desvelar as coisas em suas formas únicas, em vez de buscar o que as assemelha. A exceção é aquela espécie de arte que se dirige à própria inteligência e mostra um contraste entre o ser humano capaz de comportamentos diferenciados conforme a situação, e um mecanismo ou um automatismo. Uma arte dessas deve provocar os risos, como, aliás, os acontecimentos analógicos na vida, em que o homem se comporta como máquina. Em um pequeno tratado de Bergson sobre o riso transparece toda sua atitude filosófica, visível também quase em cada página de seus escritos, em que a intuição tenta romper a resistência da palavra, como a energia da vida enfrentando a matéria.

Nos destinos coletivos dos homens e das religiões reparamos duas formas de vida analógicas, porém não idênticas. A natureza havia equipado as comunidades humanas de regras morais ou rituais, que os indivíduos devem observar e graças às quais as comunidades mantêm sua coesão. São as regras tribais que têm que proteger a comunidade e se diferenciam conforme as circunstâncias; protegem a tribo, mas não se estendem, abrangendo toda a humanidade. Garantem à tribo a coesão pela inimizade em relação às outras tribos. Mas desde a Antiguidade, pelo esforço dos profetas e pensadores de várias religiões, bem como dos grandes filósofos, vem abrindo o caminho não a moral tribal, mas a humana, graças à qual sabemos que os homens são iguais do ponto de vista moral, que as diferenças tribais ou nacionais não têm importância para o reconhecimento da dignidade de cada pessoa humana. Essa moral não emerge gradativamente da sociedade tribal, mas resulta de um grande salto de caráter religioso, um salto rumo à sociedade aberta. Bergson acredita no progresso.

A história das religiões nos mostra uma distinção analógica. As religiões tribais são também obras da natureza. Suas mitologias servem à preservação das regras morais da tribo e impedem que nossa inteligência, que facilmente induz ao egoísmo, interfira nas necessidades da comunidade. As mitologias e os sistemas mágicos são invenções benfazejas da natureza, graças às quais a nossa vida não fica à mercê das forças do acaso, que agem sem nenhum propósito, porque o mundo é povoado por espíritos que agem intencionalmente.

Ao lado das mitologias tribais surgiu, no entanto, uma religião dinâmica, qualitativamente distinta, um instrumento atuante do aperfeiçoamento espiritual humano e um poder que nos faculta o contato com as fontes divinas do ser. Uma religião dinâmica, uma religião da humanidade, que age através das almas privilegiadas dos grandes profetas e místicos, embora os místicos gregos, hindus e budistas, mesmo que tenham prestado serviços extremamente importantes a ela, não alcançaram o poder dos grandes místicos cristãos, seguidores de Jesus Cristo. Eles não podem transformar toda a vida espiritual de imediato, mas deixam sua marca, e graças a ela também na vida religiosa as coisas mudam paulatinamente para melhor. Mais uma vez: Bergson acreditava no progresso.

A filosofia bergsoniana sugere várias perguntas (sem as formular diretamente) que não têm resposta, mas que são interessantes. Eis uma delas:

Se Deus tem o poder de criar seres racionais e, ao mesmo tempo, incorpóreos, como nós mesmos seremos após a morte, por que não nos criou assim desde o início, em vez de nos expor aos sofrimentos corporais?

E eis outras perguntas:

Se a razão analítica e a ciência, para serem eficazes e úteis, precisam deformar a realidade, e o *insight* intuitivo tem grandes dificuldades em vencer a resistência da língua, será que o místico, para falar de Deus de forma compreensível, precisa deformá-Lo?

Será que existe uma experiência que possa ser descrita e que, ao mesmo tempo, não esteja sujeita absolutamente à dúvida? Será que as ciências empíricas são realmente fundadas em uma experiência dessas, se ela existir?

Edmund Husserl

1859-1938

Seria difícil falar sobre Husserl sem utilizar os vários neologismos que permeiam os seus escritos e sem mencionar as mudanças, às vezes radicais, pelas quais passou sua existência, dedicada excepcionalmente ao trabalho e concentrada, talvez sem igual, em um só propósito.

Foi um propósito cartesiano: averiguar o que sabemos com certeza absoluta e o que apenas nos parece que sabemos; e depois, como resultado dessas averiguações, distinguir o que é verdadeiramente real, repleto de existência e necessário, dos produtos da imaginação e das coisas admitidas pela fé.

Vejamos uma experiência das mais simples: é meia-noite e vejo a lua surgindo dentre as nuvens. Mas será que essa coisa que vejo realmente existe? E o que é essa meia-noite?

A ciência sabe dizer exatamente onde e quando a lua vai aparecer no céu e sabe também medir, com grande precisão, a passagem do tempo. Mas não nos propicia, segundo Husserl, a compreensão do mundo;

ela não procura saber o que é aquilo que está medindo e prevendo. As ciências conhecem várias coisas, mas não o próprio ato de conhecimento. A ciência pode prosperar conforme os princípios expostos por Hume e pelos empiristas posteriores: temos apenas as impressões singulares em que observamos as sucessões repetitivas dos acontecimentos e certas características relativamente estáveis. Nessa base definimos as leis da ciência. Mas será que essas leis são necessárias e verdadeiras no sentido tradicional? Será que podemos afirmar que o mundo é construído necessariamente assim? Podemos asseverar que as coisas são assim como as descrevemos, que, por exemplo, essa lua que vejo agora é a mesma que vi há apenas um minuto? A ciência, segundo Husserl, encolhe os ombros, ignorando as perguntas que não a ajudam no trabalho.

E mais ainda: o pensamento funciona, ou pelo menos deveria funcionar, conforme as leis da lógica. Mas o que são essas leis? O que é o princípio de contradição que determina a impossibilidade de duas sentenças que se contradizem, serem ao mesmo tempo verdadeiras? Alguns alegam que o cérebro foi construído exatamente assim ou que são as próprias leis da psicologia que nos impossibilitam pensar de outro modo. Mas seria essa uma regra perpétua e imutável em si mesma? Nós não precisamos, dizem eles, de preocupações irresolúveis. Também não constitui uma resposta a explicação de que o princípio de contradição é uma norma moral porque sem ele os homens não poderiam se comunicar e a vida coletiva seria impossível (encontramos tal sugestão na obra do grande lógico polonês Jan Łukasiewicz).

Husserl sustentava que a validade da lógica não depende da existência do mundo. Queremos saber se a lógica é a verdade. Como sabê-lo? Para isso devemos construir uma ciência da filosofia completamente nova, a fenomenologia. Esse nome já existia antes, mas Husserl lhe dá um novo significado. Esse novo conhecimento dos fenômenos é uma ciência sem pressupostos — ela começa, por assim dizer, do zero. Ela não aceita os resultados já existentes das ciências, nem empíricas nem dedutivas; seu propósito é, ao contrário, outorgar no futuro o sentido a todas as ciências, conscientizá-las do que na verdade tratam as suas pesquisas. A filosofia tem que ser totalmente autônoma, independer de qualquer conhecimento existente. Sua missão é retornar a uma verdade tradicional, platônica, aquela verdade cujo valor não se mede pela aplicabilidade nem pela utilidade prática. Queremos saber não só como o mundo é, mas também como deve ser.

Para elucidar o campo das suas pesquisas, a filosofia deve afastar todas as supostas certezas da atitude natural perante o mundo, em particular a fé na existência ou na não existência do mundo. Não estamos prejulgando, mas apenas suspendendo temporariamente o juízo, colocando em parênteses essa questão. Tal operação, chamada redução fenomenológica, deve abrir à nossa frente um território infinito para a pesquisa dos fenômenos em suas necessárias relações, sem quaisquer suposições quanto a sua existência real. Os verdadeiros objetos das pesquisas não são, no entanto, os fenômenos singulares e casuais, mas as essências das coisas. Portanto, mais uma redução torna-se necessária, a redução chamada eidética. Graças a ela dirigimos a atenção aos universais, os seres gerais, para investigar a sua natureza. Os universais não são seres independentes, não têm o *status* das ideias platônicas. Mas não são também os abstratos, extraídos das coisas por meio de generalização das semelhanças dessas coisas. Trata-se de uma esfera do ser totalmente à parte, até agora não enxergada. Os universais, nós os conhecemos diretamente, sem atos de abstração.

As essências das coisas pesquisadas pela fenomenologia são correlativas à consciência, porém não se trata da consciência comum, de cuja pesquisa se ocupa a psicologia, mas a consciência transcendental ou o "eu" transcendental, um puro sujeito de conhecimento do qual foi eliminado tudo o que era psíquico. Descartes tentou chegar à fonte definitiva da certeza ao começar pelo "eu", de cuja existência é impossível duvidar, mas era apenas o próprio "eu", a forma psíquica da existência, portanto, uma parte do mundo. Husserl no entanto, exige, que eliminemos da pesquisa fenomenológica o mundo na sua totalidade, portanto também o "eu" psicológico. Resta um puro sujeito de conhecimento, o "eu" transcendental. O fato de pesquisas serem transcendentais significa que elas são independentes do sujeito psicológico e da experiência comum e que afastam tudo o que é transcendente, ou seja, tão externo em relação ao sujeito como o são, conforme se costuma imaginar, os objetos físicos.

Nenhuma área fica excluída do universo das pesquisas fenomenológicas possíveis. Não estamos buscando definições abstratas, mas uma essência real. Sabemos, por exemplo, o que é, conforme a opinião comum, uma obra de arte (ou soubemos até há pouco tempo), mas o conhecimento da real essência da obra de arte não é necessário para que o historiador da arte possa cultivar sua disciplina científica. Do mesmo modo, podemos perguntar qual é a essência do número ou a essência do Estado, ou da religião, ou da relação de causalidade, ou do tempo. Não supomos com isso que os entes designados com esses nomes realmente existam. Quem não acredita em Deus mesmo assim pode desenvolver a pesquisa filosófica sobre aquilo que necessariamente pertence à natureza de Deus.

Será que graças a essas duas reduções fenomenológicas ganhamos um método capaz de nos levar ao conhecimento da essência? Husserl parece achar que sim. Mas só um campo limpo da consciência não basta, pois ainda é necessária uma intuição especial ou um *insight* fenomenológico que revele essa essência. Mas como saber que tal *insight* é autêntico e que cada felizardo que o possui chega às mesmas conclusões? Não há caminho, portanto; não há nenhum método fenomenológico que nos leve aonde é preciso. Para que então toda essa fenomenologia, essa consciência transcendental? Muitas vezes Husserl parece dar aos leitores uma ideia eterna de um programa que nunca é aplicado. Afinal, a tentativa husserliana de reconstrução de todo o conhecimento não é bem-sucedida.

A teoria da consciência transcendental tem mais um resultado, mas quanto a isso não se sabe ao certo se foi logicamente suposto. É que os objetos que aparecem nesse campo limpo não são correlacionados apenas com a consciência; a consciência é responsável pela sua constituição. Não está muito claro o que quer dizer "constituição"; não é uma criação divina do nada, nem a intenção dirigida a algo já pronto. No trabalho da consciência nunca fica abolida a distinção entre o objeto e o ato de consciência, portanto o objeto não é simplesmente uma parte da consciência. Mas se o objeto é dado à consciência de forma óbvia e indubitável, se a intuição transcendental pode ocorrer, é apenas porque entre a consciência e seu objeto não há nada que intermedeie o contato e, embora não sejam idênticos, eles estão inseparavelmente entrelaçados. E mais: nos atos cognitivos da consciência reduzida, todo objeto, todo o mundo, é constituído pelo sujeito. O argumento a favor disso é que nada pode ser objeto da consciência se não o fizermos objeto da consciência, então pensar em algo que não seja objeto da consciência é absurdo e contraditório em si (aliás, é um argumento apresentado há muito em favor de outro idealismo, um argumento, segundo parece, tautológico e não convincente).

Husserl chegou, portanto, a um idealismo radical: a própria ideia de um mundo que não esteja existencialmente correlacionado com a consciência é absurda. Se anulássemos a consciência, anularíamos o mundo. Só uma vez, parece, Husserl diz que se o mundo fosse destruído o "eu" continuaria; assim ele atribui a esse "eu" o *status* de um ser absoluto. Somente a consciência é autossuficiente e não precisa se apoiar em nada.

Se os maiores filósofos, dos quais Husserl fora inspirador e mestre, não adotaram seu idealismo, nem a redução fenomenológica, se a fenomenologia não fornece esse método infalível que está prometendo, como então explicar seu considerável peso na filosofia do século XX? Parece que os motivos foram os seguintes. Husserl defendia a autonomia da filosofia; se esta tivesse apenas que comentar os resultados das ciências, não seria interessante, nem criativa, nem capaz de andar com os próprios pés. Além disso, Husserl perseverava na concepção tradicional da verdade, vinda da Antiguidade, insustentável na base do empirismo de Hume ou Mach; verdadeiro é o que nos diz como o mundo realmente é, não o que vale a pena reconhecer por motivos práticos. À pergunta "Como ter certeza de que nossas impressões alcançam as coisas?" o empirismo não pode responder. E não há razão alguma para julgar que a experiência dos sentidos é a única base do conhecimento. Por outro lado, foi importante a crítica do nominalismo (só os concretos são reais), o qual parecia uma consequência natural das suposições empíricas. Por fim, o mundo dos valores e das normas morais, ao qual, segundo o empirismo, a ideia da verdade não se aplicava, tornava-se, numa perspectiva de neutralidade fenomenológica, um fenômeno tão válido quanto os produtos da ciência ou da cultura por ela analisados. Depois do colapso das grandes sínteses especulativas dos filósofos alemães, as doutrinas do empirismo e do cientificismo descartaram as preocupações da filosofia tradicional, o que, aos olhos de muita gente, foi uma catástrofe cultural. A fenomenologia parecia então uma reabilitação da grande tradição, uma domadora do ceticismo e do relativismo.

Embora então Husserl renunciasse visivelmente à filosofia cuja função seria representar uma determinada visão do mundo, seu pensamento ajudou muito aqueles que procuravam nele um apoio contra as correntes dominantes, como o empiriocriticismo ou o neokantismo.

Husserl conscientizou a todos nós de uma desconfortável alternativa: ou estaremos de acordo com as restrições do empirismo, virando com isso as costas a uma grande tradição filosófica, a busca da verdade, do sentido do mundo e da natureza do ser, despojando dessa forma a cultura europeia dos seus maiores tesouros, ou precisaremos admitir alguma forma de transcendentalismo, acreditar que o ser e a verdade estão abertos à mente humana.

Eis algumas das perguntas que Husserl nos faz:

É possível cultivar a filosofia ou qualquer outra área de conhecimento sem suposições, partindo do zero? A própria língua que usamos não carrega certas suposições?

Se o princípio de contradição fosse — contrariando Husserl — uma propriedade casual da língua, ou uma curiosidade casual do sistema psíquico, ou uma norma moral arbitrária, seria possível imaginarmos o mundo dos seres racionais que não o conhecem ou não o aplicam?

Existe um erro no raciocínio seguinte: se tudo o que pensamos é objeto da consciência, então a ideia de que a existência do mundo independe da consciência é um absurdo?

Martin Heidegger

1889-1976

Um adepto da filosofia analítica ou de qualquer espécie de fé racionalista forte deve considerar os escritos de Heidegger um emaranhado verbal incompreensível que não vale a pena ler; se nesta brenha aparecer algo compreensível, será com certeza, segundo ele, uma banalidade ornamental. Sendo assim, como foi possível esse balbuciante vocabulário ter-se derramado com tanto poder pelo mundo afora, inspirando e fascinando milhares de mentes humanas, alcançando tão grande prestígio na cultura europeia?

Heidegger é, de fato, um escritor incômodo e muitas vezes irritante. No entanto, não é difícil nos convencermos de que um esforço considerável necessário à leitura de suas obras não é inútil e que seus confrontos com a palavra, bem como sua intraduzível prosa alemã não resultam de um capricho, mas são uma tentativa de nos dizer algo que é importante, porém às vezes oculto ou esquecido.

Heidegger foi um excelente conhecedor tanto da filosofia grega quanto da escolástica e da filosofia moderna. Mas evita as perguntas herdadas de Descartes ou Kant, evita o vocabulário deles. Ele afirma que toda a história da metafísica europeia é uma perda gradual da intuição básica que transparece nos pré-socráticos, um esquecimento, cada vez mais profundo, do Ser ou de ser. Esse esquecimento está relacionado, na opinião de Heidegger, com a orientação tecnológica da nossa civilização, que necessita cada vez menos do contato com o Ser. A obra mais lida de Heidegger, *O ser e o tempo*, pretende ser uma busca do sentido do Ser. Infelizmente, não chegamos a saber qual é esse sentido, e da obra apenas o primeiro volume foi publicado; mas é possível saber, por meio dela e dos escritos posteriores, algo sobre a relação entre o Ser e a existência humana. Não podemos conhecer o Ser senão através da existência humana e da sua compreensão desse Ser. Sabemos em seguida que o homem é o "pastor do Ser", então deve talvez cuidar de alguma forma dele. Isso não significa que, como em algumas doutrinas idealistas, a percepção humana crie o próprio Ser. Supõe, no entanto, que o Ser está aberto à compreensão humana e essa abertura é uma característica própria e imanente do Ser. A existência humana não é, portanto, um acaso histórico, mas fica necessariamente inserida no ser do Ser.

Talvez o Ser nos pudesse responder à pergunta "O que significa ser?", mas na verdade não sabemos a resposta. O Ser não é Deus; se Deus existe, Ele é cada ente em particular, não o Ser.

O ente humano não pode ser definido por meio de particularidades biológicas ou psicológicas. A humanidade não é um exemplo singular de uma categoria mais geral, não pode ser reduzida a nenhuma outra coisa. Heidegger não diz também que a existência humana é determinada pela consciência, mas afirma que a existência é única, do que resulta não só que ela vive do seu próprio autoconhecimento, mas também que as pessoas humanas, como em Kierkegaard, não são para serem somadas, pois cada uma é enraizada em si mesma e não pode passar por um exemplar de uma espécie. O homem é um ser que em sua existência cuida do próprio ser.

Isso não significa que o ser do homem seja concebível ou que efetivamente esteja isolado. Ao contrário, estar no mundo é seu atributo fixo e imprescindível. Não tem sentido, portanto, perguntar se o mundo existe ou julgar, como Kant, que é um escândalo a falta de provas incontestáveis da existência do mundo. O escândalo é que continuemos a fazer essa pergunta. O mundo nos é dado em uma junção necessária com nós mesmos. Estamos jogados no mundo, diz Heidegger. Nossa presença no mundo é um caso inexplicável.

O mundo se nos apresenta acima de tudo como um conjunto de instrumentos, de coisas que servem "para algo" (é a razão da simpatia por Heidegger que às vezes encontramos nos pragmáticos); percebemos espontaneamente as coisas com um senso prático.

Mas o mundo não nos dá uma sensação natural de estarmos em nossa própria casa. É o que desejamos, é verdade, mas esse desejo geralmente assume a forma de uma queda. Essa queda é a perda de autenticidade. A autenticidade parece para Heidegger o principal indicador da minha e da sua humanidade. Heidegger não diz que isso é uma regra moral ou que eu "deveria" ser autêntico, porém está claro que, se há algum mandamento, alguma virtude superior, ela é justamente a autenticidade; é uma virtude puramente formal e seu reconhecimento não implica nenhuma indicação de como deve ser o meu modo de vida nem o seu. Tratando-se de uma ordem superior, isso significa que a perda de autenticidade é uma queda. Esta queda, Heidegger a descreve por meio de uma expressão que é a sua mais famosa contribuição à língua alemã. A palavra *man*, pronome impessoal, que corresponde aproximadamente a "se" em português (nas sentenças tipo "não se vive sem amor") sofreu uma substantivação como *das Man*. Esse substantivo designa toda a esfera de comportamentos e pensamentos presentes na vida coletiva, que são anônimos e não vinculados a nenhuma pessoa. A tentação de adentrarmos no "Se", a vontade de diluirmos a própria pessoa no anonimato do costume, da multidão, de perdermos, portanto, a autenticidade, denuncia nosso medo de sermos nós mesmos. Este "Se" é a forma de existência da cotidianidade humana.

Para compreender tanto o Ser quanto o mundo é preciso compreender a existência humana na sua totalidade. Na sua totalidade quer dizer, também, com o seu inevitável fim, com a morte. O homem é um ser para a morte. Não é uma afirmação trivial, baseada numa experiência comum, a de que todos os homens são mortais. É uma afirmação empírica que se comprova sem exceção, mas em que não há nenhuma necessidade.

Ser para a morte faz parte da constituição da nossa existência; nesse sentido, não se pode falar da morte das outras criaturas, elas são simplesmente mortais biologicamente, não ontologicamente. Assim como a existência, a morte é própria de cada um. Mas geralmente não queremos enfrentar essa caminhada para a morte como um destino apenas nosso, exclusivo, implantado só na nossa existência. Isso não permite que surja em nós a coragem de ter medo da morte, isso é uma fuga da realidade. Não é "o homem", parece dizer Heidegger, é *você* quem caminha para a morte.

Uma propriedade inerente ao ser do homem é também a preocupação ou a aflição. E não é uma emoção ou um fenômeno psicológico em geral, mas um componente fixo do destino, qualquer que seja esse destino na qualidade de sucessão de acontecimentos. Não é que estejamos preocupados com vários problemas que a vida traz, porque neste ou naquele problema não há nenhuma necessidade existencial. Vivemos em uma preocupação, porque o estar no mundo é nosso, e estamos inevitavelmente ocupados com o mundo, ligados aos seus assuntos. E isso é uma questão ontológica. O mesmo deve ser dito sobre outra imprescindível qualidade da existência, que é a angústia. Angústia não é medo de uma determinada ameaça ou de um perigo. É uma força que nos domina em face do Ser e do Nada. E a necessidade de compreender o Ser e o Nada faz parte da nossa natureza, não é um interesse casual. A pergunta sobre o que significa "ser", mesmo que fujamos dela, atormenta cada ser humano como tal.

Heidegger trata da questão do "nada" no seu trabalho *O que é metafísica* e nos posteriores comentários a ele. A ciência não pode se interessar pelo nada. Para a ciência é simplesmente uma palavra a dizer que algo não existe, uma negação pura. Mas, segundo Heidegger, precisamos tentar compreender o nada, porque ele precede a negação. O nada não é, obviamente, um objeto nem algo que se pode definir. Mas no seu pano de fundo revela-se-nos a totalidade do ser. Quando experimentamos a fuga do ser, é uma experiência em que o nada aparece junto com a angústia. Talvez possamos dizer que o ser é antes não nada do que o contrário. E só se tivemos a experiência do nada podemos fazer uma pergunta fundamental que Heidegger, com certa modificação, tinha herdado de Leibniz: "Por que há algo e não nada?" Heidegger não diz que sabe a resposta a essa pergunta, não diz também que a resposta é possível. É extremamente importante, porém, que nos façamos essa pergunta e que pensemos nela.

Para quê? Toda a filosofia de Heidegger se resume nessa pergunta que nos foi imposta pelo Nada. Pois algo como a experiência metafísica existe. Não é uma experiência que pode ser traduzida em uma pergunta ou em um teorema científico. Cada tradução a empobrece e a deforma. Temos, no entanto, a necessidade ou, às vezes, somos até obrigados a exprimir experiências como essa. Heidegger cada vez mais se dirigia às fontes de poesia, citava Hölderlin, Rilke, Trakl, Stefan George, pensando certamente que a poesia era capaz de exprimir várias coisas melhor do que a filosofia. Parece, enfim, que todo o seu esforço e os nós da língua entrelaçados com tanta mestria servem para nos conduzir às experiências metafísicas, para despertar em nós uma reflexão inquietante e difícil de expressar sobre o ser e o nada. Seria esse todo o sentido da obra de Heidegger?

Com o passar do tempo Heidegger cada vez mais confia na intuição dos grandes poetas alemães e cada vez mais pensa no mistério da língua (o que se vê no trabalho *O caminho da linguagem*). A língua não é para ele simplesmente um instrumento de comunicação. A língua fala, diz ele; a linguagem é a casa do Ser. É como se ele tivesse a convicção, conhecida, aliás, de várias mitologias, de que há uma ligação mágica entre a língua e o mundo. Parece também que, segundo Heidegger, existe algo como um significado verdadeiro das palavras que pode ser descoberto através de uma análise etimológica das línguas em que a metafísica parece estar enraizada, ou seja, no alemão e no grego antigo. O mais famoso exemplo de uma análise dessa é a da palavra grega *aletheia*, quer dizer, a verdade, mas que pela sua etimologia, segundo Heidegger, significa "não cerramento". Desde os tempos de Aristóteles, o lugar da verdade na história europeia é a frase, e a verdade consiste na adequação entre a mente e a coisa. Não sabemos, no entanto, o que essa adequação significa e em que deveria consistir a semelhança entre o sujeito e o objeto. Mas podemos entender o que é uma saída de um objeto de seu esconderijo e a revelação daquilo que ele efetivamente é. Nesse desvelamento quem desvela é o homem, portanto não há verdade sem o ser humano que a presencia.

Poderia parecer que toda a filosofia europeia entre Aristóteles e Heidegger, em geral, valia pouco, pois não sabia o que era a verdade, portanto não sabia também o que era o conhecimento da verdade e não procurava alcançar o Ser, ou seja, o mais verdadeiro alicerce do pensamento filosófico era para ela não só inatingível como também não interessante, deixado à margem.

Podemos talvez entender por que o pensamento de Heidegger atraía tanta gente. Sua força de atração deve ter sido o abandono da tradição e do vocabulário do pensamento europeu moderno, da herança de Descartes, de Kant e de Hegel, o interesse pelas questões capazes de tocar as cordas esquecidas ou inativas da mente, como a preocupação, a angústia, a morte e o morrer, a verdade, o nada e o ser, o cotidiano humano, a vida, o lugar do homem no mundo. A linguagem do filósofo, embora muitas vezes impiedosa com o leitor, explora as camadas da linguagem coloquial, tornando essa linguagem extremamente enredada, mas é justamente essa a descrição ou a tentativa de descrição do destino humano. Fazem parte desse destino numerosas perguntas para as quais não há resposta.

Eis algumas:

A pergunta leibniziana e heideggeriana "Por que há algo e não nada?" é compreensível? Mas é uma pergunta? Bergson achava que não, porque não sabemos do que ela trata. É assim mesmo?

O filósofo nos exorta a sermos autênticos, fiéis a nós mesmos. Mas isso talvez não seja o mandamento moral, pois parece que um carrasco no sistema de tirania ou um estuprador podem ser tão autênticos quanto um santo ou um bom amigo. Por que então a regra suprema deve ser a autenticidade e não, por exemplo, a ajuda ao próximo?

Se a teoria de "Se" tem um sentido prescritivo (e visivelmente o tem), deve talvez exigir que não façamos nada do que os outros fazem (por exemplo, vestirmos um certo tipo de roupa, frequentarmos o barbeiro etc.). A maior parte das atividades comuns da vida nos seria, talvez, proibida. As crianças aprendem a língua materna imitando os adultos; devemos exigir que em nome de evitarem o "Se" não aprendam a língua? E o que dizer sobre a transmissão da religião e da tradição cultural? Não seria o caso de "Se"?

Karl Jaspers

1883-1969

O que costumamos chamar de filosofia de Jaspers é, na verdade, uma dramática e irremediavelmente dolorida descrição da condição do homem dividido entre duas realidades misteriosas e que não podem ser definidas. Essas duas realidades são a existência e a transcendência, dependentes uma da outra.

Segundo Jaspers, o mundo, assim como o conhecemos pela experiência e pelas pesquisas científicas, não é autossuficiente e não se explica por si mesmo; exige a explicação. Será que então se impõe à mente a necessidade de admitir que Deus existe e que o mundo foi criado por Ele? Não, não conhecemos Deus assim como nos falam as religiões, Deus-pessoa, Deus cujos atributos descrevem os teólogos cristãos: bondade, onipotência, onisciência. Jaspers não é, no entanto, um ateísta no sentido comum da palavra — justamente porque o nosso mundo não se explica por si mesmo —, mas ele não acredita no Deus da religião revelada nem da teologia. Onde deveria estar Deus o que há é Transcendência. Ela não é um objeto no mundo nem ao lado do mundo; sua presença não pode ser também evidenciada por meios científicos. Mas a conhecemos, embora não do jeito como conhecemos os objetos das nossas experiências. Quando a intuição humana procura ultrapassar os limites da ciência, ela encontra a Transcendência e não sabe como expressá-la; nossa língua não pode domar a transcendência. Tentamos, porém, encontrar uma forma de expressão porque para nós isso é importante e até vital. A fé filosófica que faz essas tentativas não tem nada a ver com os dogmas da religião revelada. Repitamos: a transcendência não é Deus, não é o Criador, não é um ser para o qual podemos rezar. A transcendência não nos fala como Deus falou a Moisés do meio da sarça ardente. Se a voz de Deus fosse audível, ela seria irresistível, diz Jaspers.

Mas a Transcendência nos fala — com a linguagem cifrada. Para dizer a verdade, tudo que nos leva à transcendência pode ser essa linguagem cifrada. A arte é uma linguagem cifrada, bem como os mitos religiosos. Os mitos são uma realidade cultural à parte, intraduzível. Uma pessoa crente faz a leitura literal dessas histórias, como algo que realmente aconteceu no mundo empírico (o anjo guiou Tobias, Jesus ressuscitou Lázaro). Mas a fé filosófica enxerga nos mitos códigos cifrados; com a sua ajuda revela-se-nos um aspecto de transcendência inexprimível. Mas mesmo que as linguagens cifradas nos deem o acesso à transcendência, elas não a descrevem como ela é na verdade, não nomeiam o seu ser oculto.

As experiências que Jaspers chama de instantes eternos no tempo nos dão também acesso à transcendência. Trata-se de um análogo distante da experiência mística, embora a união com a divindade não chegue a acontecer. Não podemos abandonar o mundo físico, não podemos deixar o tempo nem a história. Mas podemos viver momentos em que as dimensões temporais estejam ausentes, como se nos tivéssemos transferido para o presente eterno.

Chegamos também mais perto da transcendência através do que Jaspers chama de situações-limite: o sofrimento, a morte, a derrota. Por meio da sua negatividade transparece como que o contraste entre o mundo cotidiano e a transcendência.

Isso não significa que graças a tais veredas — por meio de linguagem cifrada, por meio de histórias míticas, por meio de instantes eternos, por meio de situações-limite — possuamos um conhecimento seguro sobre a transcendência. Nem todos estão cientes dessa possibilidade de abertura do espírito para ela, abertura acessível a cada um, e não é todo espírito que está suficientemente vigilante e acordado para aproveitá-la.

Porque a transcendência é apenas um lado daquela realidade onipresente, cujo outro lado, subjetivo, é a Existência. As duas juntas, e apenas juntas, constituem a realidade em que o mundo da experiência e o mundo conhecido cientificamente alcançam seus limites. Essas duas realidades inexprimíveis e extremas abarcam o mundo das coisas, são indispensáveis para compreender este mundo, mas não oferecem a sua explicação em termos científicos. É como se lhe outorgassem a validade.

A existência é quem sou eu, quem tu és. Mas não como uma coisa entre outras coisas; não se trata de ser física, nem biológica, nem socialmente. Não é também o meu próprio mundo psicológico. Tendo envolvido a existência em tantas negações, será que podemos dizer algo sobre ela, sabendo que Jaspers a considera o centro da sua filosofia? Embora não seja apreensível como o objeto, a existência não é uma mônada totalmente fechada para os outros. É possível um esforço que disponibilize aos outros a existência em forma de mim mesmo. Eu apreendo a mim mesmo enquanto existência quando a experimento como minha própria liberdade. A liberdade não é um fato cuja presença possa ser cientificamente comprovada; mas é real, embora inatingível de fora.

Na qualidade de ser empírico, estou sujeito a todas as espécies de determinações por parte do mundo, porém sou livre, e a tensão entre a minha liberdade e o mundo sujeito à causalidade não pode ser eliminada. Sou livre e por isso mesmo responsável por minhas escolhas, mas a escolha é sempre incerta, por isso sempre tenho culpa. Ser culpado não é um resultado de faltas casuais, mas faz parte da constituição de mim mesmo no ser.

Como estou vivendo no tempo, a existência nunca pode ser igual a si mesma, está sempre em estado de nascimento, sempre no momento da crise. Ela não pode também identificar-se plenamente com qualquer grupo humano, embora a comunicação com os outros seja uma condição de vida — não a comunicação das coisas, a troca de informações, mas uma comunicação existencial, onde não se impõem condições e não há reivindicações nem coerção. Uma comunicação dessas exige a compreensão da não autossuficiência do mundo. A existência, portanto, se refere à transcendência, que não é um objeto nem a soma dos objetos, que não vai ser detectada por uma hipótese científica nem por uma especulação metafísica, mas que se abre à existência, ciente da sua liberdade.

Os dois lados da realidade definitiva estão interligados. Mas, se a transcendência é somente para a existência, isso não significa que a transcendência é a realidade preexistente à espera do seu descobridor. Podemos supor que a transcendência se constrói juntamente com a sua abertura à existência. Temos aqui o análogo de um quadro conhecido dos escritos de alguns místicos, no qual Deus cresce e se instala no ser juntamente com o esforço humano que visa a sua unificação com Deus. Isso não significa que a transcendência seja uma imagem, uma ilusão ou um produto, mas vem uma estranha sugestão de que ela seja tudo isso à medida que a existência a alcance nos atos de autocompreensão. Nada mais específico pode se dizer sem violar a linguagem dessa criptometafísica. A linguagem cifrada de Jaspers não diz nada até o fim (aliás, ele repete que nada pode ser levado até o fim). A transcendência é irremediavelmente velada, conhecida apenas através de alusões indecifráveis.

Para que então nos serve o conhecimento que de fato não é conhecimento? Parece que funciona aqui uma estranha coerção, pela qual o homem confirma sua humanidade em uma busca desesperada de algo que, como bem o sabe, nunca será encontrado.

Se a existência de forma alguma pode chegar à plenitude, à conclusão; se a comunicação existencial entre os homens também nunca chega a uma clareza e a uma univocidade; se os códigos cifrados da transcendência são indecifráveis e intraduzíveis enquanto a própria transcendência é muda e surda; se precisamos carregar o fardo da culpa em tudo que fazemos, e se a vida é cortada pela morte, cuja razão não pode ser encontrada, a vida então termina inevitavelmente com a derrota. No entanto, a consciência dessa derrota não é — ou não deveria ser — uma razão de desespero ou desistência, porque o autoconhecimento e a aceitação ativa da derrota nos mostram, de forma eficaz, o caminho para a transcendência. Não dão, porém, nem um conhecimento positivo dela, nem um consolo diante da derrota.

O pensamento de Jaspers provinha tanto da raiz do cristianismo quanto da tradição do Iluminismo anticristão, mas ambos radicalmente transfigurados. Ele considerava a Bíblia um alicerce irremovível da nossa cultura, mas a seus olhos ela não foi um conjunto de verdades no sentido comum da palavra, nem uma coleção de histórias verdadeiras. Mas como sabia que para um cristão ou para um judeu a Bíblia era uma verdadeira revelação de Deus, e não um inacessível texto cifrado, ele tinha que — embora nunca o tenha dito explicitamente — dividir as pessoas em uma elite esclarecida que reconhece uma transcendência inefável, ou seja, que sabe que não sabe, e um povo devoto da religião para o qual a verdade dessa revelação, mesmo que fosse acessível "em princípio", era, de fato, inacessível. Por outro lado, ele nutria uma aversão iluminista, bem visível, à religião institucionalizada, à Igreja e seus dogmas, sua pretensão de infalibilidade, sua intolerância. É preciso lembrar que Jaspers amadurecia intelectualmente nos anos em que a Igreja romana foi dominada pela luta contra o modernismo, assegurando por todos os meios a sua verdade exclusiva, institucionalmente petrificada, exigindo ao mesmo tempo do seu rebanho um reconhecimento de que essa verdade em vários dos seus pontos básicos pode ser validada pela Razão.

Mas também a herança do Iluminismo recebeu Jaspers apenas em fragmentos. Adotando sua oposição à religião revelada, à Igreja, não adotou seu racionalismo singelo e otimista. Sabia que a Razão não pode validar a si mesma sem cair no círculo vicioso; que as regras da ciência não são a última palavra do espírito; que nem o mundo físico, nem a existência humana explicam a si mesmos, mas dirigem nossa intuição àquilo que tudo abarca e é inexplicável.

A filosofia "autêntica" é para Jaspers uma tentativa de exprimir a existência, não um conjunto de teoremas cuja veracidade se pode discutir. Os grandes exemplos da filosofia baseada na existência são o pensar de Kierkegaard e o pensar de Nietzsche. O esclarecimento da existência é o esforço certo da meditação filosófica, que só é autêntica quando vivida.

Parece que a verdade na filosofia se define para Jaspers por meio da fonte espiritual do filosofar; então podem ser verdadeiras as ideias filosóficas contraditórias entre si (justamente as de Kierkegaard e as de Nietzsche).

Jaspers foi um excelente escritor alemão, foi também um extraordinário pesquisador de toda a história do pensamento humano. Quis também ser e foi uma voz da liberdade: a liberdade não foi para ele apenas um fato psicológico ou uma qualidade imprescindível de uma existência singular, mas foi também o valor mais precioso que emerge nos contatos entre as pessoas e que estabelece uma verdadeira e boa comunidade.

Apesar de um conhecimento e de uma capacidade de escrever extraordinários, esse grande filósofo deixava em seus leitores a impressão de um triste vazio, pois não se sabia o que fazer com as principais cristalizações do seu pensamento que tinham nomes, mas, por princípio, não se deixavam definir. Não se sabia então como atender aos seus apelos. A existência e a transcendência são o âmago do ser, mas o próprio âmago foge da compreensão.

Eis as perguntas de Jaspers, ou talvez as nossas perguntas para ele.

Será que a verdade, no nosso sentido habitual da palavra (a sentença "Napoleão morreu na ilha de

Santa Helena" é verdadeira sempre, mas só se Napoleão morreu na ilha de Santa Helena), tem algumas características comuns com a verdade filosófica de Jaspers, que se define por meio da busca de origens no pensamento do filósofo? Temos o direito de usar a mesma palavra para as duas?

Se a Bíblia fosse um texto cifrado, intraduzível, conforme a compreensão de Jaspers, ela poderia ser o centro de uma fé comum?

As situações-limite — o sofrimento, a morte, a derrota — permitem realmente que os homens abordem a transcendência inexprimível ou antes dirigem-se a um Deus pessoal?

Seria fidedigno sustentar que os homens se tornam melhores e enriquecem sua própria humanidade quando são levados a acreditar que a vida termina como uma inevitável derrota e que não há consolo nem salvação?

Plotino

c.204-c.269

Uma explicação preliminar: quando se apresentou a questão de saber com qual dos grandes filósofos do século XX devia se encerrar a presente galeria, a escolha parecia óbvia: Ludwig Wittgenstein, cuja presença na filosofia deste século foi e certamente continua sendo extremamente relevante. Mas depois percebi que apesar das minhas leituras, tanto das obras desse filósofo, como de alguns bons estudos sobre ele, continuo sem saber o que ele realmente quis dizer (naturalmente um problema meu, não de Wittgenstein). Pensei então em substituí-lo por um dos grandes intelectos do século XX, por exemplo, Russell ou Popper. Mas logo fiquei envergonhado: como assim, haverá então nestes textos Popper e não haverá Plotino, um dos mais duradouros pilares da cultura filosófica europeia? Decidi, portanto, desacatando toda a cronologia — mas a cronologia quase não conta nestes textos —, voltar ao século III e concluir esta série com um grande fundador do neoplatonismo. O fato de não ser incluído antes não é totalmente casual. É porque as ideias de Plotino entraram com suas diferentes versões na teologia e na filosofia cristã; e é ali que as observamos, é naquelas formas, geralmente transfiguradas, que as questionamos. O próprio Plotino, com as suas numerosas obscuridades e ambiguidades, poucas perguntas nos faz, perguntas que continuassem vitais no nosso pensar e se referissem ao que é mesmo dele e ainda não transformado pelo pensamento cristão. Parece simplesmente que pensamos pouco nas questões propostas por ele, que elas nos interessam pouco. Foi isso o que quis dizer inicialmente, pedindo a compreensão do leitor.

* * *

De onde sabemos e em que nos baseamos para afirmar que tudo que nos rodeia, toda a realidade física ou espiritual, tudo mesmo, tem origem em um único ser (se essa for uma palavra certa), do qual tudo depende, enquanto ele não depende de nada?

Vasculhando os intrincados textos de Plotino, encontramos, segundo nos parece, duas respostas bem diferentes a essa pergunta fundamental.

Uma delas baseia-se na especulação metafísica. É óbvio que, se no mundo estamos observando a multiplicidade e a diversidade, sua origem deve ser algo em que não haja multiplicidade, portanto o Uno. Esta é a obrigação da mente, uma necessidade quase-lógica: o cerne do ser é um só.

A tal cerne ou fonte atribuímos diversos nomes, nenhum dos quais acerta a coisa em si. Falamos "o Uno", falamos "Deus", falamos o Ser ou o Bem, mas na verdade ele não tem nome. Não se pode ponderar razoavelmente sobre o "Uno", porque ele foge da palavra. Não tem nenhuma propriedade; podemos falar do que ele não é, mas não do que é, pois não é coisa alguma; nem podemos dizer sobre ele que simplesmente "é" ou que "existe" (é uma forma verbal que significa o presente, e o "Uno" não conhece o tempo). Nem o "Uno" é uma palavra certa, porque a entendemos em contraste com a multiplicidade, por meio de uma relação com alguma outra coisa, e o "Uno" não se refere a coisa alguma. Não podemos olhar o rosto de Deus. Mas precisamos falar sobre Ele, porque se não falássemos sobre Ele não poderíamos falar sobre nenhuma coisa de forma que isso tivesse sentido, sobre nenhuma coisa que surgiu do Uno, portanto sobre coisa alguma.

Mas há outra fonte de conhecimento de Deus. Há uma experiência de união com o seu inconcebível abismo, isto é, o que depois foi chamado de experiência mística. O próprio Plotino iria viver essa experiência várias vezes e sabia que não havia nada mais perfeito nem melhor. Um encontro desses não acontece por acaso. Exige um preparo espiritual e um esforço. A alma deve renunciar a tudo que é corporal e nutrir um verdadeiro desejo de "Uno", de estar com o "Uno" ou até de ser "Uno". Porfírio, discípulo de Plotino e redator dos seus escritos, começa a biografia do filósofo com uma frase famosa, dizendo que Plotino parecia ter vergonha de estar no corpo. O próprio estar no corpo pode não ser o mal, mas o corpo e seus desejos atraem e corrompem a alma, por isso é preciso fazer tudo para se livrar dele, deixar tudo o que é físico. Ao conseguirmos isso abandonamos também o tempo, pois assim não precisamos mais da memória nem de esperar por nada.

Essa união com Deus não é de nenhum modo uma viagem para algum país estranho; é, ao contrário, um retorno da alma para casa. Porque o Uno é a eternidade. Isso não quer dizer que ele dure infinitamente, mas que não tem qualquer duração: é uma ausência do tempo, não tem em si o que é do passado nem o que é do futuro, há apenas o eterno e imóvel "agora". O tempo é como uma degradação da eternidade, uma eternidade doentia, embora seu aparecimento no processo de criação, quando as almas estavam nascendo, fosse necessário. Somos nós mesmos os criadores do tempo.

Aparentemente, o Uno fica infinitamente distante de nós. Na realidade, ele é onipresente, embora seja Uno mesmo, embora não tenha partes; por isso podemos, mesmo que não seja fácil, nos aproximar dele e até sentir uma inexprimível união com ele. É impossível expressar com palavras o que é essa união, mas os que a viveram sabem do que falam e do que fala Plotino.

O Uno é também o Bem e o que dá tudo, o que tudo cria. O fato de ser criador não significa que o Uno precisava ou desejava aquilo que criava, pois isso seria supor que sofresse a falta de alguma coisa. Mas não tem necessidades, não sente nada, simplesmente "extravasou" ou derramou para fora o seu excesso (o que isso significa, como entender esse excesso, nunca vamos saber); enquanto está tirando de si outros mundos, ele mesmo não diminui nem um pouco.

Em suma, embora sobre o Uno não possamos dizer nada, verifica-se que sabemos alguma coisa a seu respeito: que é eterno, que é Bom, que é onipresente, que é a origem de tudo o que existe.

O Uno não é, no entanto, o outro nome de Deus, entendido assim como o entende a religião, a tradição cristã em particular. O Uno não tem consciência de si; do contrário, sofreria a divisão de si próprio em sujeito e objeto. Por isso, embora o Uno seja criador de tudo, não tem conhecimento de nada. Embora seja o bem, não tem vontade nem intenção dirigida a outra coisa. Sua criatividade não vem de nenhuma vontade inspirada de criar, nenhuma razão ou intenção, nenhum plano. Ele lança de si a Mente, mas essa emanação é um processo necessário, quase-natural, não dirigido por nenhuma necessidade. Assim se vê como isso é distante da imagem do Deus dos cristãos, do Deus-pessoa. O Uno não é a pessoa de modo algum, não pode ser identificado com o Deus da Bíblia.

O Uno cria a mente, que é o primeiro produto da emanação. A mente, o mundo das ideias, contém em si a multiplicidade, embora não viva no tempo. Ela conhece o Uno, mas conhece também a si própria e aquilo que ela mesma cria, ou seja, as almas. As almas emergem da Mente, e mesmo que se unam com os corpos, isto é, com aquilo que é móvel e sujeito ao tempo, elas têm uma participação, uma relação com a infinidade do Uno. Diferenciadas da Mente, elas fazem parte do mundo. O mundo criado pela Mente é eterno no sentido de "o que dura para sempre", o que não tem princípio nem fim no tempo. Todo o processo de emanação, de emergência das formas inferiores da realidade das formas superiores, não ocorre no tempo. É uma sucessão lógica e não temporal.

Assim como esse processo de criação tem seu princípio lógico, ele deve ter também o seu fim lógico. As sucessivas fases são graus de enfraquecimento do bem. É necessário, portanto, que haja também uma última fase em que do bem já não reste nada. Essa fase final é a matéria, que é a origem do mal. A matéria não é o mesmo que as formas moldadas, unidas com as almas humanas ou animais, ou o seu conjunto. A matéria é pura passividade, ausência da criatividade ou do bem, o ser de que nem se pode dizer que, no rigor da palavra, existe, o nada; ao nosso conhecimento ela é tão inacessível como o Bem supremo.

Embora Plotino fale do mal e considere a matéria a origem do mal, ele deixa bem claro que o conceito do mal é puramente negativo, que o mal não é nenhuma realidade, mas a falta pura, a ausência do ser. Plotino é definitivamente contrário à doutrina dos gnósticos, que acreditavam ser o mundo físico uma obra do deus mau, inimigo do deus bom. Segundo os gnósticos, se todo o mundo material é obra do mal, o nosso dever único e certo é nos libertarmos do mundo corporal. Não é a posição de Plotino.

Embora ele queira que nos libertemos da atração da matéria e das tentações corporais, não condena o mundo. Algumas das suas expressões podem, é verdade, apresentar alguma semelhança com a mitologia dos gnósticos, mas ele não diz que o mundo das coisas vem do mal nem que existe um deus do mal. Sim, vivemos no mundo que sofreu uma queda no processo de emanação e que não poderia não cair, uma vez que é um processo inevitável, cujo fim inevitável é a matéria, a decadência total, mas sua origem é o "Bem", bem pleno, sem nenhum acréscimo do mal, ou seja, sem nenhuma falta, o Bem intacto. Deus é a vocação do homem.

Embora Plotino não tivesse conhecido, obviamente, nenhuma crença cristã — Deus em pessoa, a encarnação, a redenção, a salvação por Cristo, a Trindade — e se considerasse apenas um tradutor e um comentarista de Platão, encontramos suas ideias em diversas correntes do cristianismo: a ideia da teologia negativa (só sabemos de Deus o que Ele não é, e não quem é), a concepção do mal como pura negação, a crença no Criador que é exclusivamente o bem, o conceito da eternidade em oposição ao tempo perpétuo. Na história da metafísica europeia esses são os tópicos permanentes. Também é permanente a fé platônica, em que, no ato de conhecimento, aquilo que está conhecendo e o que é objeto desse conhecimento devem de alguma forma ser familiares, que são ligados por laços difíceis de descrever, ou que é impossível descrever algo que nos é totalmente estranho.

No entanto não sabemos na verdade, apesar dos esforços perseverantes de Plotino, o que significa ser, se a palavra "é" não fala sobre o Uno, sendo uma palavra que se refere ao tempo, mas não fala também das coisas que são partes do mundo, uma vez que elas, perpetuamente em sujeição de transitoriedade, não podem ser idênticas a si mesmas. Será que a pergunta "O que significa ser?" tem sentido? Será que se pode fazê-la com a expectativa de que tenha resposta?

A outra pergunta que Plotino nos está soprando é: se realmente temos as razões incontestáveis para sustentar que há uma única fonte de tudo que existe, isso nos bastaria para sustentar também que essa fonte, o Uno, seja o Bem?

Pois, se podemos sustentar que o Uno é o Bem, não sabemos, na verdade, segundo Plotino, em que esse bem consiste, e, considerando não se tratar da pessoa divina, temos que rejeitar a suposição de que o Uno se deixa levar pelo amor aos homens, às suas criaturas. O que seria então aquilo que nos atrai para ele?

São essas as perguntas de Plotino, o cerne da metafísica europeia.

O texto deste livro foi composto em Sabon, desenho tipográfico de Jan Tschichold de 1964 baseado nos estudos de Claude Garamond e Jacques Sabon no século XVI, em corpo 11/16. Para títulos e destaques, foi utilizada a tipografia Frutiger, desenhada por Adrian Frutiger em 1975.

A impressão se deu sobre papel off-white 80g/m² pelo Sistema Cameron da Divisão Gráfica da Distribuidora Record.